Collins

Coffee
Break

Book
1

Su Doku

200 challenging Su Doku puzzles

Published by Collins
An imprint of HarperCollins Publishers

HarperCollins Publishers
Westerhill Road
Bishopbriggs
Glasgow G64 2QT
www.harpercollins.co.uk

HarperCollins *Publishers*
1st Floor, Watermarque Building, Ringsend Road
Dublin 4, Ireland

10 9 8 7 6 5 4 3

© HarperCollins Publishers 2018

All puzzles supplied by Clarity Media

ISBN 978-0-00-827972-1

Printed and bound in the UK using 100% Renewable
Electricity at CPI Group (UK) Ltd

The contents of this publication are believed correct at the time of printing. Nevertheless the
publisher can accept no responsibility for errors or omissions, changes in the detail given or for
any expense or loss thereby caused.

A catalogue record for this book is available from the British Library.

If you would like to comment on any aspect of this book, please contact us at the given address
or online.
E-mail: puzzles@harpercollins.co.uk

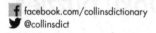
facebook.com/collinsdictionary
@collinsdict

SU DOKU
PUZZLES

PUZZLE 1

EASY

		9	7		2			
5				3				
	4	2		5	6		9	7
	1		6	8	5			4
4								6
6			4	2	7		1	
2	5		3	1		8	7	
				6				2
			2		8	1		

PUZZLE 2

EASY

9		2	6		4			
	1		3	2				
4	5		8			6		
		8		4	1	3		
1	7						2	9
		4	2	9		1		
		9			5		8	3
				3	2		4	
			4		8	9		1

PUZZLE 3

EASY

		6		7		5		8
			9		5		2	3
2	5	9		3			7	
		7				2	6	
4								5
	9	2				8		
	7			8		4	1	9
8	2		7		9			
9		5		4		7		

PUZZLE 4

EASY

		4	7			6		1
		6	2		5			9
		1				8	2	
8		2	1		7		6	
			8		9			
	9		5		6	2		8
	7	5				1		
3			6		2	5		
6		8			1	7		

PUZZLE 5

EASY

	8	1	2	6				
	4			8	7		1	2
5			3					6
7	6					2		
	5	4				9	3	
		2					6	7
6					1			9
4	1		7	2			5	
				3	6	1	7	

PUZZLE 6

EASY

2	1			4		6	8	5
				2	5		4	7
			8			2		
	2	6						4
4				5				2
5						7	3	
		8			2			
6	9		5	3				
1	3	4		7			2	8

PUZZLE 7

EASY

					8	2		
	6		1				3	7
	1					9	6	
	9		5	2				8
	8	5	7	1	4	6	9	
7				8	6		1	
	3	6					8	
8	4				7		5	
		7	8					

PUZZLE 8

EASY

				5	6	9	3	8
6					3		4	
3	9	7		2	4		6	
								3
		2		6		4		
7								
	7		2	4		3	5	9
	3		1					4
9	5	4	6	3				

PUZZLE 9

EASY

8		2			3	5	6	1
	7		5				8	
3		5						
	8			2	4			
1			9	3	5			8
			6	1			4	
						1		6
	6				9		3	
5	3	4	1			2		7

EASY

	2				8		9	3
	9				7		4	2
				2	6	7	5	
			8			3	2	6
				7				
3	6	9			4			
2	8	1	4					
9	5		7				6	
6	4		2				8	

PUZZLE 11

EASY

	1	5	9				7	
			2	3				
		8		4				6
4	2				1	6		9
8		9		6		1		7
1		3	4				8	5
9				1		7		
				9	3			
	3				4	9	5	

PUZZLE 12

EASY

4		9	2		5		7	
		1	3					9
	3		9				5	
	2	7	4					6
	6			3			9	
9					2	7	1	
	1				6		3	
6					3	5		
	7		5		4	1		2

PUZZLE 13

EASY

9					6		7	
	5	2			9			
3		7		2		9	4	
		6		1	2			
	1	9		8		4	2	
			6	9		5		
	7	3		6		8		9
			9			2	1	
	9		2					4

PUZZLE 14

EASY

		2			8	1		
9				1	6		2	
1		6	5		2		4	7
7								
		9	3	2	4	7		
								3
6	2		7		9	8		4
	7		2	4				9
		1	8			2		

PUZZLE 15

EASY

1	7	2	6	5				
9	5			8				
							3	7
			3	6			2	
	3	6	2	7	5	9	1	
	2			9	8			
2	9							
				2			5	9
				3	9	2	7	6

PUZZLE 16

EASY

							2	3
	4		7	6	9			
		5	2	3			4	
	2					3		7
	8	9	3	2	6	4	5	
4		3					8	
	9			4	2	8		
			8	9	5		7	
1	5							

PUZZLE 17

EASY

1					5	8		
	9						7	
				9		1	6	2
9		1	2		4	3	8	
	8			7			9	
	3	4	9		1	2		7
8	1	9		3				
	4						1	
		2	1					8

PUZZLE 18

EASY

		2	1		3	7		4
8		4	7		2		3	
1					9			2
	1		8					
		8		2		9		
					7		4	
7			9					8
	2		6		8	4		7
5		1	2		4	6		

PUZZLE 19

EASY

				8				6
1	2		3	6		8		
3	8			1	4	7		2
2		3			1			
				2				
			7			9		1
8		2	4	5			1	7
		1		3	6		8	4
6				7				

PUZZLE 20

EASY

		8	7				4	5
	7		5	1				3
					3	9		
6				8		5		
8		5	1	4	6	7		9
		7		5				6
		3	6					
1				3	5		7	
5	8				1	3		

PUZZLE 21

EASY

			9					
	2			7		9	5	
9	8	5				7		6
1	7				9	8		
8			4	3	7			1
		9	2				7	5
5		1				2	6	7
	6	8		4			3	
					6			

PUZZLE 22

EASY

1		9	6			5		2
			9	1				6
3				8	2			1
5	2		1					
		4		3		2		
					6		4	3
4			3	6				8
7				2	9			
2		1			8	6		5

PUZZLE 23

EASY

	8		3	7				4
							7	
			1	4	9			3
3	9				7	6		
1	5		9	3	8		4	2
		4	2				9	5
4			7	2	5			
	3							
7				9	3		5	

PUZZLE 24

EASY

3			2	7		1		
	2				8	3		
5			3				2	
	6		7	5				3
2			8	6	4			5
4				2	3		1	
	4				7			2
		2	4				9	
		1		8	2			4

PUZZLE 25

EASY

9		6		5	2	1	4	3
		1			4			5
		3		1				
5							1	6
		2		3		5		
1	3							4
				8		2		
2			5			6		
6	7	9	1	2		4		8

PUZZLE 26

EASY

2		8		3	1		4	5
4				9				3
		6					2	
			2	6	3		9	
			7		9			
	6		8	1	4			
	1					3		
3				7				2
6	8		3	2		9		1

PUZZLE 27

EASY

4				6	3			
8								
7		5	9			4	2	6
9		7			1	2		
5			6		9			1
		8	2			6		9
6	7	9			2	3		8
								7
			3	8				2

PUZZLE 28

EASY

	8	2	1					
	3		6	2		5		
		6		5				
6		1		8	5	7		3
8								5
4		3	9	1		8		6
				6		4		
		5		7	2		3	
					1	2	6	

PUZZLE 29

EASY

9			5					
			9			8	1	5
	3	5	7	8	2			
6	1			4			2	
		2				1		
	4			1			6	8
			4	5	7	2	8	
7	2	8			6			
					8			3

PUZZLE 30

EASY

	6	7	2				4	
			5		3	6		7
						2	3	
9	2		7		4			1
	3						7	
8			3		2		5	6
	4	3						
6		8	4		7			
	1				8	5	6	

PUZZLE 31

EASY

	8							5
	3				7	2	8	
7		2	8		5		9	
8		3	6			9		1
6		7			9	5		8
	1		4		6	7		2
	2	5	7				1	
3							5	

PUZZLE 32

EASY

8				7			4	1
			8		3			5
9				5	1			3
	4		7	3		8		
3								2
		6		9	2		3	
7			5	2				8
6			3		7			
2	3			8				6

PUZZLE 33

EASY

		1			9		2	4
9	2				6	3		
3			2		7	5		1
								9
	5	2				7	4	
1								
4		3	9		5			8
		7	6				1	5
5	1		7			9		

PUZZLE 34

EASY

2					1	5		4
		4					2	7
	5	1				6		9
	7		9	5		3		
9								2
		5		3	8		7	
8		2				4	9	
3	4					7		
5		7	1					3

PUZZLE 35

EASY

5			7			4	3	
7		3		8	4	5	9	
		9			3			2
					6			
1	7						6	4
			4					
9			2			6		
	3	8	9	6		2		1
	6	1			7			9

PUZZLE 36

EASY

	1	6	2	4		9		
		9	3	1	5	7		
			9				2	
	5	8						1
			1		4			
6						3	7	
	8				3			
		3	4	2	1	8		
		4		9	8	2	5	

PUZZLE 37

EASY

8			1	4	5	2		
				7		9	5	
			2		9			
2		8					4	5
9		4				8		1
5	1					7		6
			9		4			
	8	9		1				
		1	5	8	3			9

PUZZLE 38

EASY

	2		7					8
	8		9			2	4	
				8	2	5	6	7
			6		8	1		
	4						2	
		2	1		4			
9	6	8	2	7				
	5	4			1		8	
2					9		7	

PUZZLE 39

EASY

		5		7	2	8	9	
		6		5				7
2							3	6
			5	8				
	6	8	9		4	7	5	
				3	7			
6	5							4
4				6		2		
	7	2	4	9		6		

PUZZLE 40

EASY

		5			4	8	9	
	7			6	8			
						4		7
			8		1	5	7	2
	8	2				6	1	
7	3	1	6		5			
3		9						
			5	8			2	
	5	8	9			7		

PUZZLE 41

EASY

4	1		6			5	2	
				5				
5	6	2					9	1
3					5			8
		6	3		8	2		
8			9					5
6	8					4	7	3
				6				
	9	5			7		8	6

PUZZLE 42

EASY

8		7				4	2	
		3				6		7
		6		5	7		3	
				3	1	2		6
			5		6			
6		8	2	4				
	8		9	6		1		
4		2				7		
	6	9				5		2

PUZZLE 43

EASY

6			4				1	8
7	3			5		9		
	4				6			5
4	9		1	8				
3								2
				6	4		9	1
9			7				6	
		3		9			7	4
1	7				3			9

PUZZLE 44

EASY

4	1		5				8	
2				1	4			5
	5	8		2	7		4	
					5		1	9
8	9		7					
	4		3	5		2	7	
1			2	7				4
	2				6		3	1

PUZZLE 45

EASY

4		6						
3	2	7				4		
	5			4			7	2
7			5				2	
5	3		6		4		8	9
	1				2			5
9	4			1			6	
		3				2	9	7
						5		4

PUZZLE 46

EASY

4	3			9		7		8
	6					2		
7					8		6	
	4	3			9			
8		2	6		4	1		3
			3			9	4	
	1		9					7
		7					1	
9		4		7			2	5

PUZZLE 47

EASY

	7		9		5			4
			1	8			3	6
			3	4	2	7		
			2			4	8	
4								3
	8	2			9			
	2	3	4	1				
5	6			9	3			
1			5		2		6	

PUZZLE 48

EASY

	4	6			7			
	2	5		1				
	1	9	3	5			7	
5	8		4					6
		1				4		
9					5		2	8
	7			9	1	3	4	
				7		2	6	
			6			9	8	

PUZZLE 49

EASY

	1		6					9
			4			7	1	
	7	4	1		3		8	6
	4					3		8
7								1
3		9					2	
5	8		7		9	1	4	
	3	2			6			
1					4		6	

PUZZLE 50

EASY

	9						8	3
		3	8	5	9		7	
	8	1		3				5
			1	7		5	2	
	1	7		6	2			
1				9		7	6	
	7		6	2	8	4		
6	4						5	

PUZZLE 51

EASY

	5	8		2				9
2			7			4	6	
	4	1			5			
	3	4			2		5	
		6				8		
	8		5			3	4	
			2			5	7	
	1	5			9			6
4				5		9	1	

PUZZLE 52

EASY

			2	9			8	3
		2		7		5	9	
		1				2		
2		8		4				7
		3	6		7	4		
4				3		6		5
		6			2			
	2	4		1		8		
1	5			6	9			

PUZZLE 53

EASY

3	8	9				4		
				9	7	8	5	
1		7	4		6	5	9	
6			9		8			4
	9	8	1		5	6		7
9	2	4	5					
		5				3	4	9

PUZZLE 54

EASY

	9					3	2	
		4	7	5		9		
8						4	5	
			9	4			3	2
3			5		2			8
9	7			3	8			
	5	8						9
		9		1	7	5		
	6	1					7	

PUZZLE 55

EASY

		1	3	7			6	
	3	6	1					2
				6		3		7
			9	3	8	5		
	8						2	
		4	5	2	6			
3		9		8				
2					1	9	7	
	6			9	3	2		

PUZZLE 56

EASY

	5	1						
	6	2	1		7		3	5
					6	1	9	
		6	3				5	8
			8		4			
8	1				2	6		
	2	3	6					
5	7		2		9	3	6	
						5	1	

PUZZLE 57

EASY

		3	9		8		1	
		4		7			8	
	1				6	9		
	4	8		6	9	2		
3								9
		9	4	3		8	5	
		7	3				2	
	8			2		3		
	3		6		5	1		

PUZZLE 58

EASY

	8		4				6	2
	1		7	2				
6		2						
8	4				5	2		6
5			2		4			1
2		1	6				5	9
						1		5
			5	2			3	
3	5				9		2	

PUZZLE 59

EASY

		8		4		1		
4			6	5				7
	6				8			4
	1		8			2	4	
	8	4				9	7	
	2	5			9		6	
8			1				3	
1				8	3			2
		3		6		4		

PUZZLE 60

EASY

	2	7						6
		3		6		4		7
7				2	1			
6			5	9	7	2		1
1		2	6	8	4			5
		4	2					8
3		5		7		6		
2					9		7	

PUZZLE 61

EASY

	6			7		5		2
4		5		8		1	7	
	5	4	8	3			2	
		6	4		1	3		
	8			5	7	4	6	
	1	2		4		8		9
9		8		1			5	

PUZZLE 62

EASY

	6		9	5	2	7		8
			6					
				8			6	9
				3			9	7
	1	9	5		6	8	2	
7	3			2				
3	7			4				
					8			
8		2	7	9	1		3	

PUZZLE 63

EASY

				5			2	4
6	5				2			
9			7			6		5
2	6	1		9			3	
7								9
	3			8		5	1	2
1		3			5			6
			2				5	3
5	9			1				

PUZZLE 64

EASY

	6		5	8			9	7
7						5	4	
9			7	4		6		3
		5	4	6				
				3	7	1		
5		6		7	9			1
	1	7						9
8	2			1	5		6	

PUZZLE 65

EASY

			2					1
			4			3	5	
1		8		5	3	2	9	
	5	2				1	8	9
4	3	1				5	2	
	6	4	5	1		9		7
	1	5			9			
9					4			

PUZZLE 66

EASY

1	8		3			6		
6			7				1	9
9				6		2		
8		3			6			
7	2						9	6
			2			8		3
		5		3				7
4	6				7			8
		8			4		5	2

PUZZLE 67

EASY

5		3		2	7		1	
				4	5	3		
6			3				5	
1	2			8	4			
		4				5		
			2	7			9	1
	1				3			6
		7	4	6				
	5		7	1		2		3

PUZZLE 68

EASY

8	2				7		1	
		6						7
9	7	4	1					
	5	2		8			9	4
			5		2			
3	6			9		8	5	
					5	2	3	9
5						6		
	9		6				4	1

PUZZLE 69

MEDIUM

	2		6		7		3	5
	3		5			4		
1								
				7		3		8
	9						5	
6		3		5				
								4
		1			3		7	
8	5		4		9		2	

PUZZLE 70

MEDIUM

		7			3	1		5
			7				2	
			5	1				4
6	4	8					9	
				9				
	3					8	1	7
7			1	8				
	8				9			
1		2	4			3		

PUZZLE 71

MEDIUM

		3				7		6
				9	6			2
	6	8					9	
			7					5
8			6		4			3
9					2			
	8					1	4	
4			2	1				
6		1				3		

PUZZLE 72

MEDIUM

	5	4			6	9		
					1	4		
1			3				2	
2	7			3				
	4						7	
				7			9	8
	8				2			7
		7	4					
		9	8			1	4	

PUZZLE 73

MEDIUM

			4				8	
	9	1						2
	4		8			3		
			6	2	3			
	6						3	
			1	9	4			
		9			8		7	
3						5	6	
	8				1			

PUZZLE 74

MEDIUM

4	2				9			
		1			3			
7				6			9	8
2		9		3			4	
8								3
	1			5		8		7
5	3			9				1
			3			2		
			2				5	4

PUZZLE 75

MEDIUM

	5	8			7			3
6			9					
				2				
	2			9			4	5
3			4		5			6
5	6			1			3	
				8				
					9			7
7			5			3	2	

PUZZLE 76

MEDIUM

			5		9			
	4		8		1			7
	5			6			2	
	6		9				7	
5		9				3		4
	1				3		6	
	3			8			4	
8			4		2		5	
			6		5			

PUZZLE 77

MEDIUM

	1		7		5			
				9		2	7	
		3						
	3	6	5	4		8	9	
8								7
	5	7		2	9	3	6	
						6		
	7	1		6				
			1		2		8	

PUZZLE 78

MEDIUM

9		8	6					
1					4			
3	6		1			7		
				5				1
	1	3	2		8	9	6	
7				6				
		7			9		3	5
			5					4
					2	8		9

PUZZLE 79

MEDIUM

				5				9
1					4	6		
		2	7	1		4		8
4			3			1		6
8		6			9			2
3		4		9	5	8		
		8	1					5
9				8				

PUZZLE 80

MEDIUM

		1			3		9	
7			4	1	6			
	6							7
1	8	6	3		9			
			2		4	8	3	1
5							2	
			7	2	5			9
	3		9			7		

PUZZLE 81

MEDIUM

		7			8	9		
					3		8	5
6	8		1					
	7			8	1			
		1	2		7	8		
			3	6			9	
					2		4	1
8	1		7					
		6	4			7		

PUZZLE 82

MEDIUM

	5	2		6				
					9		2	
4			8	7		5		
	4						5	7
6								9
2	9						6	
		3		1	8			2
	1		7					
				4		8	7	

PUZZLE 83

MEDIUM

2	1			6		3		
	4				3	5	2	
				7		8		2
	8		3	5	6		7	
7		1		8				
	5	9	1				6	
		6		9			8	5

PUZZLE 84

MEDIUM

					8		7	4
6			2	7				1
							2	
			4		2			6
		7		9		3		
8		1		5				
	9							
5				6	7			8
3	1		5					

PUZZLE 85

MEDIUM

		7		5		3		8
3								2
	4				6	5		
8			2		5			
	7			6			2	
			4		7			6
		9	5				8	
2								7
4		5		9		2		

PUZZLE 86

MEDIUM

				5			4	3
	1		6			8		
		7						6
						9	6	
	7		4		9		8	
	2	6						
1						7		
		8			3		9	
4	3			8				

PUZZLE 87

MEDIUM

		9				5		
3				9	7			8
	5		3					
	6			1			7	4
			9		5			
9	4			6			2	
					4		1	
2			6	7				9
		6				8		

PUZZLE 88

MEDIUM

			7					3
8	2				1			
		4			5		1	
		8	6					
	1	5	8	9	2	4	3	
					3	2		
	9		1			5		
			2				6	1
6					9			

PUZZLE 89

MEDIUM

	6				7			3
	1					7	9	2
9								
	8		7	5				
1			4		3			6
				1	2		8	
								7
2	5	9					1	
8			3				5	

PUZZLE 90

MEDIUM

	1					3	5	7
		4	1				8	
				6				
		9	3	4			6	
5				2				8
	6			1	8	5		
				9				
	9				2	8		
6	5	7					9	

PUZZLE 91

MEDIUM

	3	5	2					
8	4				5			
					4	3		
		4					1	3
		9	8		7	2		
6	1					8		
		8	1					
			4				5	1
					2	7	8	

PUZZLE 92

MEDIUM

			3	5		2		
	3	2		7	9		4	
								3
2		6						
7		9				1		5
						6		2
5								
	2		5	1		3	9	
		8		9	4			

PUZZLE 93

MEDIUM

1				8	5			4
	9	6	1					
			9					7
	1	5			6		2	
	8						7	
	3		7			4	5	
8					7			
					1	7	6	
4			5	6				9

PUZZLE 94

MEDIUM

9		5			2		8	1
6				7		2		9
				4			2	
	1	4		2		9	5	
	9		3					
1		6		5				8
3	4		6			5		2

PUZZLE 95

MEDIUM

			1			9		5
					3	8		
5	3			8			7	
			3			5		8
	2						1	
6		1			5			
	7			9			2	6
		8	6					
9		6			4			

PUZZLE 96

MEDIUM

	8				9	7		
1	6	5		2		9		
							6	
	3			5				9
	9		4		2		8	
6				1			7	
	1							
		3		8		2	1	7
		7	3				9	

PUZZLE 97

MEDIUM

		8				9		
3					5			
5	1						2	
				1	3	7		
	3	2				8	6	
		7	4	8				
	4						5	7
			7					3
		9				2		

PUZZLE 98

MEDIUM

	3		6	1		8		
7		1	8					
					4		1	
4	6	3				7		
		9				6	5	2
	2		4					
					1	2		8
		7		9	5		4	

PUZZLE 99

MEDIUM

			5	3				
4						8		5
	1					6		9
	6				2			1
		7	1		3	4		
1			8				2	
7		1					5	
9		4						2
				5	8			

PUZZLE 100

MEDIUM

		4			7		8	2
				5		3		
			3		8	1		
	9				2		1	
6	1						9	8
	4		5				3	
		9	7		4			
		1		3				
5	8		9			4		

PUZZLE 101

MEDIUM

		5	2			1		3
					1		4	
1				6				
		7	1	3		8	6	
		8				3		
	6	3		5	8	4		
				4				7
	3		6					
5		6			3	9		

PUZZLE 102

MEDIUM

5	8	2						1
	1		9		2	5		
	6		5	4				7
		1				2		
4				2	9		8	
		5	3		8		2	
6						7	4	8

PUZZLE 103

MEDIUM

					8			
	6	8				4		
	7	4			2		6	
	8				4	1		5
				6				
3		7	1				2	
	1		7			6	5	
		3				2	8	
			4					

PUZZLE 104

MEDIUM

7			8	2		5		
		6	1			4		3
8	1							
		4	5		7			
6								5
			6		1	9		
							2	4
4		7			3	6		
		1		6	4			9

PUZZLE 105

MEDIUM

7		9		3				
	1		7	6	4		2	
	6		9			3		
9		8						3
2						5		6
		7			8		3	
	9		3	7	2		6	
				1		4		9

PUZZLE 106

MEDIUM

		8						
				8		3	9	6
	6	3	9			2		
			1	5			2	
			8		6			
	1			7	4			
		6			1	8	4	
8	5	1		2				
						1		

PUZZLE 107

MEDIUM

				1			5	8
1			5		2	7		
		4		7				
			8				4	6
		8				3		
6	7				9			
				4		6		
		7	1		5			2
9	1			2				

PUZZLE 108

MEDIUM

		5	4	7		2		
					1			3
	6	2						
			8		4		1	
1			6		9			8
	4		7		2			
						8	5	
8			9					
		9		8	6	3		

PUZZLE 109

MEDIUM

			2	4	3			
		3	1			6	7	
1	8							
8						2		
6		2	7		4	1		9
		9						8
							8	3
	9	7			1	5		
			9	3	2			

PUZZLE 110

MEDIUM

9			5	7				
			6		1	4		
	6					8		
		9			3		7	
1		7				2		5
	5		2			9		
		4					9	
		8	3		2			
				1	9			6

PUZZLE 111

MEDIUM

	8			9				6
	4		3		1	9		
				5		3		
		8			9	2	4	
	7						1	
	5	2	4			8		
		5		7				
		6	1		8		3	
8				3			6	

PUZZLE 112

MEDIUM

3			6	9	4			
	4			5	1		3	
		2				6		
	7					8		
	6		3		8		9	
		4					2	
		6				3		
	2		5	3			4	
			4	6	2			9

PUZZLE 113

MEDIUM

			9				1	
		7				4		8
1		8	3				9	
		6		9	7			
2			6		5			4
			4	1		6		
	6				9	5		1
7		9				8		
	4				2			

PUZZLE 114

MEDIUM

				5			2	3
							1	
	8	2	9		3	4	5	
	9				2			
		5		6		1		
		7					8	
	5	8	1		6	2	9	
	3							
9	7			4				

PUZZLE 115

MEDIUM

	1		3		6			
	5		4				7	8
						1		
6		7						
	4	5	1		8	7	6	
						5		9
		3						
7	2				1		3	
			8		7		1	

PUZZLE 116

MEDIUM

	9				7	6		
					5		8	4
2	4		8					
		1				3		8
				2				
8		2				7		
					3		7	5
5	1		9					
		3	5				6	

PUZZLE 117

MEDIUM

	8		9				1	
		9			5			
		2		4			9	
		1		5	2			
3			1		4			9
			6	3		1		
	6			8		2		
			3			4		
	7				1		3	

PUZZLE 118

MEDIUM

						8		
8	4		6		3			
6		9		8	7			
		8				1		3
1				5				2
4		3				7		
			1	7		3		8
			5		8		2	7
		5						

PUZZLE 119

MEDIUM

					5	8		6
			1				3	7
				3	1	5	9
		8		5			7	
			8		6			
	2			9		5		
9	3	2	5					
4	8				1			
1		7	6					

PUZZLE 120

MEDIUM

				5		8	9	6
		4		3			1	
		6						
3						5		
6	5		4		2		7	9
		2						1
					3			
	8			4		6		
7	1	3		6				

PUZZLE 121

MEDIUM

		6				8		
		3	6		9			
4					3	7		6
	5		9					
3		2				4		5
					1		3	
2		5	3					8
			1		7	3		
		7				2		

PUZZLE 122

MEDIUM

	5					1	7	8
7		8			9			
				8				6
3	9					6		
			5		4			
		7					2	9
4				1				
			7			3		4
1	7	3					6	

PUZZLE 123

MEDIUM

		4					1	2
		7			8		9	
1	9				4			
		9		5				4
4	5						7	8
8				1		9		
			6				3	9
	3		7			6		
2	1					5		

PUZZLE 124

MEDIUM

		4			3	9		
				7		3		
		6		8			1	
7			5	8	2			
		8		4		2		
			1	6	7			4
	2		7		1			
		6		5				
		9	8			7		

PUZZLE 125

MEDIUM

					9		4	
		1	4					9
		7				2	8	
5	2		1		3			
	8			7			3	
			8		5		2	6
	1	2				7		
4					2	8		
	3		9					

PUZZLE 126

MEDIUM

7	2			3	6		8	
6	9					1	7	
			2		3		9	5
				8				
5	8		7		4			
	5	8					3	2
	6		9	2			5	4

PUZZLE 127

MEDIUM

					3	4		
1			9					8
	8	2					3	
			8		5	2		4
			1		9			
7		1	3		2			
	5					1	7	
2					4			9
		3	5					

PUZZLE 128

MEDIUM

6								
				1	9	4		2
	8	1	5	2				
9			1		2			
	3						2	
			8		3			4
				4	6	1	9	
7		3	9	5				
								7

PUZZLE 129

MEDIUM

1	5					2		6
		4			6	1		3
	4	8	3					1
		7		1		9		
2					9	8	3	
7		3	8			6		
5		1					2	7

PUZZLE 130

MEDIUM

6					7	9		1
		8					3	2
		5				8		
	7		9		5			
2				4				7
			7		6		9	
		2				1		
8	5				1			
7		3	6					5

PUZZLE 131

MEDIUM

		1	3				5	
			2		5	4		
						7	2	
	8		6		7			5
7								4
2			5		9		8	
	4	2						
		3	1		4			
	9				2	8		

PUZZLE 132

MEDIUM

							6	
2	7	8			5			
6				1				2
					1		8	9
9	6			3			7	1
3	8		7					
4				5				6
			2			4	1	3
	9							

PUZZLE 133

MEDIUM

	9				6	8	4	
						1	9	
				4			5	
		7	5	2				
		9	6		8	5		
				9	7	3		
	6			1				
	3	5						
	8	4	7				2	

PUZZLE 134

MEDIUM

1		9			4			
4						3		
	5	8	2					
	4	1		9				
6		3				2		8
				8		1	7	
					1	4	6	
		4						2
			3			8		7

PUZZLE 135

MEDIUM

		4	8					3
			9			8		
3					7	1	9	
		9			8	6		
7	5						2	8
		1	7			3		
	4	8	1					6
		7			9			
5					3	9		

PUZZLE 136

MEDIUM

	6			5		4		
	3		9		6	8		
		5						
		8	4					5
	9	6		7		2	8	
2					9	7		
						3		
		3	7		5		9	
		2		4			7	

PUZZLE 137

DIFFICULT

9			1			2	5	
		8			5	4	9	1
			9					2
	7	9		5		6	3	
4					6			
7	9	4	2			1		
	3	1			7			4

PUZZLE 138

DIFFICULT

5								
1				5		2		8
	4			9	2			
		1			9	8		5
			6	4	5			
6		5	1			7		
			2	3			8	
2		3		6				1
								6

PUZZLE 139

DIFFICULT

			5		9		7	2
	8	2			7		3	
			4					
1		4						
	5	6		2		1	4	
						6		7
				1				
	1		2			5	8	
3	2		6		8			

PUZZLE 140

DIFFICULT

					5		8	
						3		
3	7			2			6	9
4				8		9		
2			1	4	7			8
	8		9					1
7	5			9			2	4
		6						
	2		4					

PUZZLE 141

DIFFICULT

2			7	8			3	
			4					
	3	6						8
		3			4	1		
7			6		5			3
		9	3			2		
3						8	2	
				6				
	5			4	7			6

PUZZLE 142

DIFFICULT

	6				1			
	5	4			6			
3				4		8		2
		7					4	
5	2						8	6
	8					3		
9		8		7				5
			6			7	9	
			3				2	

PUZZLE 143

DIFFICULT

3		9					5	
				6			4	9
	5				7		3	
				7		6	2	
			2		4			
	1	7		8				
	2		1				8	
5	3			4				
	4					5		3

PUZZLE 144

DIFFICULT

		9	7					
4				2	5	9		
		2				7		6
		6	4	7				
	7						1	
				8	3	2		
5		3				1		
		8	9	5				2
					7	5		

PUZZLE 145

DIFFICULT

8	1							5
	7				5			
	4	2	9		6			
				6				4
	5	1				7	8	
3				9				
			1		8	6	5	
			2				4	
7							2	8

PUZZLE 146

DIFFICULT

			4			6		
			8				7	
2	7			1				3
	2							1
		5	6	7	2	3		
3							6	
8				6			9	4
	4				9			
		7			3			

PUZZLE 147

DIFFICULT

3				2			4	5
			7			1	8	
	1			5	4			
					9			
		8	1		7	9		
			5					
			3	7			1	
	7	6			8			
2	3			6				4

PUZZLE 148

DIFFICULT

8			9	6				7
	7				4	1		
				7				2
	9		6			2	5	
	2	4			8		6	
4				8				
		1	3				9	
3				9	5			1

PUZZLE 149

DIFFICULT

				9	6		3	
	6			2		1		
	3	5	1					
	7							3
	2			8			6	
1							4	
					7	3	8	
		7		5			9	
	5		2	6				

PUZZLE 150

DIFFICULT

		2				1		
9				1		2		
			9				5	
7			1					3
	2		5	6	8		9	
5					3			1
	8				6			
		3		8				6
		7				9		

PUZZLE 151

DIFFICULT

7								8
				8	1			
	4	1				2		6
		3	9					
	1		2		7		9	
					4	5		
3		7				8	4	
			5	9				
6								2

PUZZLE 152

DIFFICULT

		2				4	3	8
5			1					
				6		7		
	6	5	2					
7								2
					9	1	6	
		1		5				
					4			3
3	2	7				5		

PUZZLE 153

DIFFICULT

3	6			9				
8					4	2		
		9						7
1				5	9	3		
		3		8		9		
		2	6	4				1
7						8		
		1	5					4
				7			1	2

PUZZLE 154

DIFFICULT

				2				5
			1					6
	1	6			3	4		
	7	4					8	
	6		8	1	9		7	
	9					5	2	
		8	9			1	5	
7					1			
9				4				

PUZZLE 155

DIFFICULT

	8		5					7
		5					3	
6	3			9		1		5
			1	7				
5				4				6
				5	2			
7		6		1			9	8
	4					2		
8					5		6	

PUZZLE 156

DIFFICULT

		3		7			2	
		5					7	9
	1		2		3			
1			3	6				
5				2				6
				4	1			5
			9		7		4	
7	8					9		
	2			3		7		

PUZZLE 157

DIFFICULT

2	8			6	3			
							2	
1		7	2					
		5		8			9	6
		3		7		4		
4	1			3		7		
					7	6		8
	5							
			6	1			4	9

PUZZLE 158

DIFFICULT

	2			7	4			
3						4		
7							9	6
				6	2			
		2	4	9	3	1		
			7	1				
9	5							7
		3						8
			9	8			6	

PUZZLE 159

DIFFICULT

7					9	3		
			2	7				
4	1	3			6	2		
	7					6		
6								5
		5					4	
		6	3			7	5	1
			5	2				
		8	7					6

PUZZLE 160

DIFFICULT

						8		
		4	9	2	8			
9		3			4		7	
		5				9	8	
6								1
	3	7				4		
	9		7			1		3
			1	4	3	5		
		1						

PUZZLE 161

DIFFICULT

					7	6		
	6	7	5				8	
		5		2	6			
		4			5		9	
	2						1	
	8		7			5		
			3	5		7		
	5				8	3	6	
		9	1					

PUZZLE 162

DIFFICULT

6					1		2	
	2		5	3				
		4	6					
		6	3					9
		5	8		7	1		
7					5	3		
					6	4		
				7	4		1	
	9		1					8

PUZZLE 163

DIFFICULT

6		9				4		
	8	2			3			
	1			6				8
			8		4	2		7
				1				
2		1	3		7			
1				3			5	
			2			3	7	
		3				9		1

PUZZLE 164

DIFFICULT

6					1			
						7		5
	9		7	2				6
				1	5	6		2
	2						1	
9		4	2	8				
1				5	4		3	
3		9						
			1					7

PUZZLE 165

DIFFICULT

7			2		3		6	
						8		
5				7	4			
	2		7			4		
4				9				1
		3			8		9	
			4	8				2
		6						
	7		3		1			8

PUZZLE 166

DIFFICULT

8								9
		1				5		
			2	3	7		1	
	7				6	9		
				1				
		4	8				2	
	4		7	2	3			
		5				8		
9								7

PUZZLE 167

DIFFICULT

	2				4			8
			9				7	
		3			2	6		5
				5		3		
7								6
		2		1				
3		9	5			4		
	4				1			
8			7				1	

PUZZLE 168

DIFFICULT

				9	3	4		
5					4			
	3					2	5	
	7		3					2
		4				1		
6					1		9	
	5	6					2	
			1					8
		1	2	7				

PUZZLE 169

DIFFICULT

		6			4		2	
				9		4		3
		9			8		7	
	3	4			7	6		
				8				
		5	2			9	4	
	6		8			7		
5		7		6				
	8		1			5		

PUZZLE 170

DIFFICULT

				9			7	
7	2			4	5	3		
				3	9			
1		8						7
	4						1	
5						6		3
		2	4					
		4	8	1			9	2
	8			3				

PUZZLE 171

DIFFICULT

8	9							1
	3	2			1	8		
				6			2	
				4	9			7
		9		2		4		
7			3	5				
	2			8				
		6	2			9	5	
5							3	4

PUZZLE 172

DIFFICULT

					1			3
	6		5		9			
	4	5	2					
2	7					8		
6		4				7		5
		8					4	9
					5	3	9	
			6		4		1	
7			1					

PUZZLE 173

DIFFICULT

					1		4	3
			7			5	1	
	1			5				2
		6	4					
		8	5		3	4		
					7	6		
4				9			7	
	2	1			5			
3	8		6					

PUZZLE 174

DIFFICULT

	4				5			2
	5		9				6	
1			6			9		
		9			4			
	3			1			8	
			5			3		
		3			8			1
	7				2		5	
8			3				2	

PUZZLE 175

DIFFICULT

		9			2		6	
1								
3				4		8	2	
	9	7	1	6				
				7				
				5	3	7	1	
	4	8		2				3
								2
	7		6			4		

PUZZLE 176

DIFFICULT

		2			1			8
	1	5			8	9		
6	9						2	
			4		7			
				1				
			6		5			
	3						9	2
		1	2			3	6	
4			3			1		

PUZZLE 177

DIFFICULT

		8		9	6			
				1		5		9
			3	7			4	
	8							5
1			9		4			6
9							2	
	3			2	5			
7		2		4				
			7	6		1		

PUZZLE 178

DIFFICULT

		7	9			5		4
		3	2				7	6
					1		2	
	9		1					
			6	9	7			
					2		8	
	8		4					
2	3				6	8		
7		4			9	1		

PUZZLE 179

DIFFICULT

				5	2	8	4	
								9
		5	8			1	7	
8		9				5		
			3		9			
		4				2		7
	5	3			1	7		
9								
	6	7	5	2				

PUZZLE 180

DIFFICULT

2								
				5		3		6
			3		2	9		8
	9			2			3	
1		2				4		7
	6			9			1	
5		1	7		6			
9		6		4				
								3

PUZZLE 181

DIFFICULT

	5	9				8	3	
		4		2				
	6		9		3			
			1					8
7				4				2
4					9			
			7		8		9	
				1		4		
	3	7				5	8	

PUZZLE 182

DIFFICULT

		7				9		
	5						1	4
	8		5		9			
	9		7					
6	4						9	2
					3		5	
			1		2		4	
9	3						7	
		8				6		

PUZZLE 183

DIFFICULT

					9	3	5	8
	8	3		5				
	5	4					1	
						4	9	1
				2				
7	9	5						
	3					1	7	
				3		9	8	
2	1	9	5					

PUZZLE 184

DIFFICULT

		9			4	8		
			5		3			6
1							7	
					7	5	9	
	3		2		5		4	
	1	8	4					
	5							4
8			3		2			
		1	6			2		

PUZZLE 185

DIFFICULT

6		7		5		8		
	9				4			
2	8		1				9	
	7	3			5			
				6				
			3			5	8	
	5				8		3	1
			5				4	
		8		1		6		9

PUZZLE 186

DIFFICULT

					8	5	1	
4							7	8
				6			3	4
		1		4				
	8	9		5		4	6	
				8		7		
1	6			3				
2	9							5
	5	4	2					

PUZZLE 187

DIFFICULT

8				7	5			
6							2	
	7	3						1
	8	2	7	5				
1				3				2
				2	1	9	6	
2						5	9	
	9							3
			2	9				8

PUZZLE 188

DIFFICULT

	4					6	1	
2					4	9		
			6		7	2		
8			4					
	7		5		9		4	
					8			3
		8	2		3			
		2	7					1
	9	6					2	

PUZZLE 189

DIFFICULT

1	9				6			
			2					
5	3			8	7	4		
9	2							5
				2				
6							8	1
		8	1	4			6	9
					3			
			6				2	4

PUZZLE 190

DIFFICULT

					7	9		8
3				8	6			5
		5					1	3
	7				5			
		9		4		7		
		3					8	
2	4				3			
5			7	6				1
9		6	2					

PUZZLE 191

DIFFICULT

			4					9
		3				5		8
9			6				7	
		1	7				2	
	9			3			5	
	7				2	8		
	5				1			3
7		8				4		
3					9			

PUZZLE 192

DIFFICULT

			1			4		
	7		8				6	
	4			6	2			8
						1		5
4		5				3		9
3		2						
8			4	1			9	
	2				9		5	
		6			5			

PUZZLE 193

DIFFICULT

	1			8			7	2
		2			7			1
					8			
		5	6			8		
3	8						4	5
	7		1	4				
		3						
2		9			6			
5	9		2			3		

PUZZLE 194

DIFFICULT

6		4			5			
	5	1						
			7		9	6		
4						5		2
		7	2		1	9		
2		3						6
		8	3		4			
						3	8	
			6			1		9

PUZZLE 195

DIFFICULT

	2					1		
3							4	5
	9			8				
		9		2	8			7
			5	6	1			
2			7	9		5		
				1			9	
9	6							3
		7					8	

PUZZLE 196

DIFFICULT

		4		2		9	8	
					8			
		6		4		3		7
				9	2		5	3
1	9		5	6				
6		9		7		8		
			8					
	2	7		3		1		

PUZZLE 197

DIFFICULT

						1	7	
	8		1	7	5			
			9		3		2	
1	5					9		
		8				2		
		2					1	5
	1		3		9			
			8	6	1		4	
	3	6						

PUZZLE 198

DIFFICULT

		1				7	6	
				8				3
					1		2	
	4		7	6			1	8
		2				3		
6	1			9	3		7	
	7		4					
5				3				
	6	9				2		

PUZZLE 199

DIFFICULT

	6	3		5				
8								
4	9		2		6			
6	5						8	1
		8		7		4		
7	2						9	3
			9		5		1	8
								9
				1		3	7	

PUZZLE 200

DIFFICULT

			6	4				3
7			1					4
	5				2	9		
8	3							
	7	9				8	2	
							4	9
		2	7				9	
1					3			7
5				6	1			

SOLUTIONS

1

3	8	9	7	4	2	6	5	1
5	6	7	9	3	1	2	4	8
1	4	2	8	5	6	3	9	7
7	1	3	6	8	5	9	2	4
4	2	5	1	9	3	7	8	6
6	9	8	4	2	7	5	1	3
2	5	6	3	1	4	8	7	9
8	7	1	5	6	9	4	3	2
9	3	4	2	7	8	1	6	5

2

9	3	2	6	5	4	8	1	7
8	1	6	3	2	7	5	9	4
4	5	7	8	1	9	6	3	2
2	9	8	7	4	1	3	5	6
1	7	3	5	8	6	4	2	9
5	6	4	2	9	3	1	7	8
7	4	9	1	6	5	2	8	3
6	8	1	9	3	2	7	4	5
3	2	5	4	7	8	9	6	1

3

1	3	6	2	7	4	5	9	8
7	4	8	9	6	5	1	2	3
2	5	9	1	3	8	6	7	4
5	8	7	4	9	3	2	6	1
4	6	1	8	2	7	9	3	5
3	9	2	6	5	1	8	4	7
6	7	3	5	8	2	4	1	9
8	2	4	7	1	9	3	5	6
9	1	5	3	4	6	7	8	2

4

9	2	4	7	8	3	6	5	1
7	8	6	2	1	5	3	4	9
5	3	1	9	6	4	8	2	7
8	5	2	1	4	7	9	6	3
1	6	3	8	2	9	4	7	5
4	9	7	5	3	6	2	1	8
2	7	5	4	9	8	1	3	6
3	1	9	6	7	2	5	8	4
6	4	8	3	5	1	7	9	2

5

9	8	1	2	6	5	7	4	3
3	4	6	9	8	7	5	1	2
5	2	7	3	1	4	8	9	6
7	6	9	1	4	3	2	8	5
8	5	4	6	7	2	9	3	1
1	3	2	5	9	8	4	6	7
6	7	8	4	5	1	3	2	9
4	1	3	7	2	9	6	5	8
2	9	5	8	3	6	1	7	4

6

2	1	7	3	4	9	6	8	5
8	6	9	1	2	5	3	4	7
3	4	5	8	6	7	2	1	9
9	2	6	7	8	3	1	5	4
4	7	3	6	5	1	8	9	2
5	8	1	2	9	4	7	3	6
7	5	8	4	1	2	9	6	3
6	9	2	5	3	8	4	7	1
1	3	4	9	7	6	5	2	8

7

5	7	3	6	9	8	2	4	1
9	6	2	1	4	5	8	3	7
4	1	8	3	7	2	9	6	5
6	9	1	5	2	3	4	7	8
3	8	5	7	1	4	6	9	2
7	2	4	9	8	6	5	1	3
2	3	6	4	5	1	7	8	9
8	4	9	2	3	7	1	5	6
1	5	7	8	6	9	3	2	4

8

4	2	1	7	5	6	9	3	8
6	8	5	9	1	3	7	4	2
3	9	7	8	2	4	1	6	5
8	6	9	4	7	2	5	1	3
5	1	2	3	6	9	4	8	7
7	4	3	5	8	1	2	9	6
1	7	6	2	4	8	3	5	9
2	3	8	1	9	5	6	7	4
9	5	4	6	3	7	8	2	1

9

8	9	2	4	7	3	5	6	1
4	7	6	5	9	1	3	8	2
3	1	5	8	6	2	4	7	9
6	8	3	7	2	4	9	1	5
1	4	7	9	3	5	6	2	8
2	5	9	6	1	8	7	4	3
9	2	8	3	4	7	1	5	6
7	6	1	2	5	9	8	3	4
5	3	4	1	8	6	2	9	7

10

7	2	4	6	5	8	1	9	3
5	9	6	1	3	7	8	4	2
1	3	8	9	4	2	6	7	5
4	7	5	8	1	9	3	2	6
8	1	2	3	7	6	4	5	9
3	6	9	5	2	4	7	1	8
2	8	1	4	6	5	9	3	7
9	5	3	7	8	1	2	6	4
6	4	7	2	9	3	5	8	1

11

2	1	5	9	8	6	3	7	4
6	7	4	2	3	5	8	9	1
3	9	8	1	4	7	5	2	6
4	2	7	8	5	1	6	3	9
8	5	9	3	6	2	1	4	7
1	6	3	4	7	9	2	8	5
9	4	2	5	1	8	7	6	3
5	8	6	7	9	3	4	1	2
7	3	1	6	2	4	9	5	8

12

4	8	9	2	1	5	6	7	3
7	5	1	3	6	8	4	2	9
2	3	6	9	4	7	8	5	1
1	2	7	4	5	9	3	8	6
8	6	5	7	3	1	2	9	4
9	4	3	6	8	2	7	1	5
5	1	4	8	2	6	9	3	7
6	9	2	1	7	3	5	4	8
3	7	8	5	9	4	1	6	2

13

9	8	4	3	5	6	1	7	2
1	5	2	7	4	9	6	8	3
3	6	7	8	2	1	9	4	5
5	3	6	4	1	2	7	9	8
7	1	9	5	8	3	4	2	6
4	2	8	6	9	7	5	3	1
2	7	3	1	6	4	8	5	9
6	4	5	9	3	8	2	1	7
8	9	1	2	7	5	3	6	4

14

3	4	2	9	7	8	1	5	6
9	5	7	4	1	6	3	2	8
1	8	6	5	3	2	9	4	7
7	3	8	1	9	5	4	6	2
5	6	9	3	2	4	7	8	1
2	1	4	6	8	7	5	9	3
6	2	3	7	5	9	8	1	4
8	7	5	2	4	1	6	3	9
4	9	1	8	6	3	2	7	5

15

1	7	2	6	5	3	8	9	4
9	5	3	4	8	7	1	6	2
6	8	4	9	1	2	5	3	7
8	1	9	3	6	4	7	2	5
4	3	6	2	7	5	9	1	8
7	2	5	1	9	8	6	4	3
2	9	7	5	4	6	3	8	1
3	6	8	7	2	1	4	5	9
5	4	1	8	3	9	2	7	6

16

9	1	6	4	5	8	7	2	3
3	4	2	7	6	9	5	1	8
8	7	5	2	3	1	6	4	9
5	2	1	9	8	4	3	6	7
7	8	9	3	2	6	4	5	1
4	6	3	5	1	7	9	8	2
6	9	7	1	4	2	8	3	5
2	3	4	8	9	5	1	7	6
1	5	8	6	7	3	2	9	4

17

1	2	3	7	6	5	8	4	9
4	9	6	8	1	2	5	7	3
7	5	8	4	9	3	1	6	2
9	7	1	2	5	4	3	8	6
2	8	5	3	7	6	4	9	1
6	3	4	9	8	1	2	5	7
8	1	9	5	3	7	6	2	4
3	4	7	6	2	8	9	1	5
5	6	2	1	4	9	7	3	8

18

6	9	2	1	5	3	7	8	4
8	5	4	7	6	2	1	3	9
1	7	3	4	8	9	5	6	2
9	1	7	8	4	6	3	2	5
4	3	8	5	2	1	9	7	6
2	6	5	3	9	7	8	4	1
7	4	6	9	3	5	2	1	8
3	2	9	6	1	8	4	5	7
5	8	1	2	7	4	6	9	3

19

9	4	7	5	8	2	1	3	6
1	2	5	3	6	7	8	4	9
3	8	6	9	1	4	7	5	2
2	7	3	8	9	1	4	6	5
4	1	9	6	2	5	3	7	8
5	6	8	7	4	3	9	2	1
8	3	2	4	5	9	6	1	7
7	9	1	2	3	6	5	8	4
6	5	4	1	7	8	2	9	3

20

3	6	8	7	2	9	1	4	5
2	7	9	5	1	4	8	6	3
4	5	1	8	6	3	9	2	7
6	3	4	9	8	7	5	1	2
8	2	5	1	4	6	7	3	9
9	1	7	3	5	2	4	8	6
7	4	3	6	9	8	2	5	1
1	9	2	4	3	5	6	7	8
5	8	6	2	7	1	3	9	4

21

4	1	7	9	6	5	3	8	2
3	2	6	1	7	8	9	5	4
9	8	5	3	2	4	7	1	6
1	7	4	6	5	9	8	2	3
8	5	2	4	3	7	6	9	1
6	3	9	2	8	1	4	7	5
5	4	1	8	9	3	2	6	7
7	6	8	5	4	2	1	3	9
2	9	3	7	1	6	5	4	8

22

1	4	9	6	7	3	5	8	2
8	7	2	9	1	5	4	3	6
3	5	6	4	8	2	9	7	1
5	2	3	1	9	4	8	6	7
6	1	4	8	3	7	2	5	9
9	8	7	2	5	6	1	4	3
4	9	5	3	6	1	7	2	8
7	6	8	5	2	9	3	1	4
2	3	1	7	4	8	6	9	5

23

9	8	1	3	7	2	5	6	4
2	4	3	5	8	6	1	7	9
5	6	7	1	4	9	2	8	3
3	9	2	4	5	7	6	1	8
1	5	6	9	3	8	7	4	2
8	7	4	2	6	1	3	9	5
4	1	9	7	2	5	8	3	6
6	3	5	8	1	4	9	2	7
7	2	8	6	9	3	4	5	1

24

3	9	4	2	7	5	1	8	6
1	2	7	6	4	8	3	5	9
5	8	6	3	1	9	4	2	7
8	6	9	7	5	1	2	4	3
2	1	3	8	6	4	9	7	5
4	7	5	9	2	3	6	1	8
6	4	8	1	9	7	5	3	2
7	5	2	4	3	6	8	9	1
9	3	1	5	8	2	7	6	4

25

9	8	6	7	5	2	1	4	3
7	2	1	3	6	4	9	8	5
4	5	3	8	1	9	7	6	2
5	9	4	2	7	8	3	1	6
8	6	2	4	3	1	5	9	7
1	3	7	6	9	5	8	2	4
3	4	5	9	8	6	2	7	1
2	1	8	5	4	7	6	3	9
6	7	9	1	2	3	4	5	8

26

2	9	8	6	3	1	7	4	5
4	7	1	5	9	2	8	6	3
5	3	6	4	8	7	1	2	9
1	4	7	2	6	3	5	9	8
8	2	3	7	5	9	6	1	4
9	6	5	8	1	4	2	3	7
7	1	2	9	4	8	3	5	6
3	5	9	1	7	6	4	8	2
6	8	4	3	2	5	9	7	1

27

4	2	1	7	6	3	8	9	5
8	9	6	4	2	5	1	7	3
7	3	5	9	1	8	4	2	6
9	6	7	8	5	1	2	3	4
5	4	2	6	3	9	7	8	1
3	1	8	2	7	4	6	5	9
6	7	9	5	4	2	3	1	8
2	8	3	1	9	6	5	4	7
1	5	4	3	8	7	9	6	2

28

5	8	2	1	3	9	6	7	4
7	3	4	6	2	8	5	1	9
9	1	6	7	5	4	3	8	2
6	9	1	2	8	5	7	4	3
8	2	7	3	4	6	1	9	5
4	5	3	9	1	7	8	2	6
2	7	9	8	6	3	4	5	1
1	6	5	4	7	2	9	3	8
3	4	8	5	9	1	2	6	7

29

9	8	4	5	6	1	7	3	2
2	7	6	9	3	4	8	1	5
1	3	5	7	8	2	4	9	6
6	1	3	8	4	5	9	2	7
8	9	2	6	7	3	1	5	4
5	4	7	2	1	9	3	6	8
3	6	1	4	5	7	2	8	9
7	2	8	3	9	6	5	4	1
4	5	9	1	2	8	6	7	3

30

3	6	7	2	1	9	8	4	5
2	8	9	5	4	3	6	1	7
1	5	4	8	7	6	2	3	9
9	2	5	7	6	4	3	8	1
4	3	6	1	8	5	9	7	2
8	7	1	3	9	2	4	5	6
5	4	3	6	2	1	7	9	8
6	9	8	4	5	7	1	2	3
7	1	2	9	3	8	5	6	4

31

1	8	9	2	6	3	4	7	5
5	3	4	1	9	7	2	8	6
7	6	2	8	4	5	1	9	3
8	5	3	6	7	2	9	4	1
2	9	1	5	8	4	3	6	7
6	4	7	3	1	9	5	2	8
9	1	8	4	5	6	7	3	2
4	2	5	7	3	8	6	1	9
3	7	6	9	2	1	8	5	4

32

8	5	3	2	7	9	6	4	1
4	2	1	8	6	3	9	7	5
9	6	7	4	5	1	2	8	3
1	4	2	7	3	5	8	6	9
3	7	9	6	4	8	1	5	2
5	8	6	1	9	2	4	3	7
7	1	4	5	2	6	3	9	8
6	9	8	3	1	7	5	2	4
2	3	5	9	8	4	7	1	6

33

7	8	1	3	5	9	6	2	4
9	2	5	1	4	6	3	8	7
3	4	6	2	8	7	5	9	1
8	3	4	5	7	2	1	6	9
6	5	2	8	9	1	7	4	3
1	7	9	4	6	3	8	5	2
4	6	3	9	1	5	2	7	8
2	9	7	6	3	8	4	1	5
5	1	8	7	2	4	9	3	6

34

2	8	9	7	6	1	5	3	4
6	3	4	8	9	5	1	2	7
7	5	1	2	4	3	6	8	9
1	7	8	9	5	2	3	4	6
9	6	3	4	1	7	8	5	2
4	2	5	6	3	8	9	7	1
8	1	2	3	7	6	4	9	5
3	4	6	5	2	9	7	1	8
5	9	7	1	8	4	2	6	3

35

5	1	6	7	2	9	4	3	8
7	2	3	1	8	4	5	9	6
8	4	9	6	5	3	7	1	2
3	8	4	5	9	6	1	2	7
1	7	5	8	3	2	9	6	4
6	9	2	4	7	1	3	8	5
9	5	7	2	1	8	6	4	3
4	3	8	9	6	5	2	7	1
2	6	1	3	4	7	8	5	9

36

8	1	6	2	4	7	9	3	5
4	2	9	3	1	5	7	6	8
7	3	5	9	8	6	1	2	4
2	5	8	7	3	9	6	4	1
3	9	7	1	6	4	5	8	2
6	4	1	8	5	2	3	7	9
9	8	2	5	7	3	4	1	6
5	6	3	4	2	1	8	9	7
1	7	4	6	9	8	2	5	3

37

8	9	6	1	4	5	2	3	7
1	3	2	8	7	6	9	5	4
7	4	5	2	3	9	6	1	8
2	7	8	6	9	1	3	4	5
9	6	4	3	5	7	8	2	1
5	1	3	4	2	8	7	9	6
3	5	7	9	6	4	1	8	2
4	8	9	7	1	2	5	6	3
6	2	1	5	8	3	4	7	9

38

4	2	5	7	1	6	3	9	8
6	8	7	9	5	3	2	4	1
3	9	1	4	8	2	5	6	7
5	7	9	6	2	8	1	3	4
1	4	6	5	3	7	8	2	9
8	3	2	1	9	4	7	5	6
9	6	8	2	7	5	4	1	3
7	5	4	3	6	1	9	8	2
2	1	3	8	4	9	6	7	5

39

3	4	5	6	7	2	8	9	1
9	8	6	3	5	1	4	2	7
2	1	7	8	4	9	5	3	6
7	9	3	5	8	6	1	4	2
1	6	8	9	2	4	7	5	3
5	2	4	1	3	7	9	6	8
6	5	9	2	1	8	3	7	4
4	3	1	7	6	5	2	8	9
8	7	2	4	9	3	6	1	5

40

6	2	5	3	7	4	8	9	1
9	7	4	1	6	8	2	3	5
8	1	3	2	5	9	4	6	7
4	9	6	8	3	1	5	7	2
5	8	2	4	9	7	6	1	3
7	3	1	6	2	5	9	8	4
3	6	9	7	4	2	1	5	8
1	4	7	5	8	6	3	2	9
2	5	8	9	1	3	7	4	6

41

4	1	8	6	9	3	5	2	7
9	3	7	1	5	2	8	6	4
5	6	2	7	8	4	3	9	1
3	7	9	2	4	5	6	1	8
1	5	6	3	7	8	2	4	9
8	2	4	9	1	6	7	3	5
6	8	1	5	2	9	4	7	3
7	4	3	8	6	1	9	5	2
2	9	5	4	3	7	1	8	6

42

8	5	7	6	9	3	4	2	1
9	4	3	1	2	8	6	5	7
1	2	6	4	5	7	9	3	8
5	9	4	8	3	1	2	7	6
2	3	1	5	7	6	8	9	4
6	7	8	2	4	9	3	1	5
7	8	5	9	6	2	1	4	3
4	1	2	3	8	5	7	6	9
3	6	9	7	1	4	5	8	2

43

6	5	9	4	2	7	3	1	8
7	3	2	8	5	1	9	4	6
8	4	1	9	3	6	7	2	5
4	9	5	1	8	2	6	3	7
3	1	6	5	7	9	4	8	2
2	8	7	3	6	4	5	9	1
9	2	4	7	1	5	8	6	3
5	6	3	2	9	8	1	7	4
1	7	8	6	4	3	2	5	9

44

4	1	9	5	6	3	7	8	2
2	3	7	8	1	4	6	9	5
6	5	8	9	2	7	1	4	3
3	7	2	6	4	5	8	1	9
5	6	4	1	9	8	3	2	7
8	9	1	7	3	2	4	5	6
9	4	6	3	5	1	2	7	8
1	8	3	2	7	9	5	6	4
7	2	5	4	8	6	9	3	1

45

4	9	6	7	2	5	8	3	1
3	2	7	1	8	9	4	5	6
8	5	1	3	4	6	9	7	2
7	8	4	5	9	1	6	2	3
5	3	2	6	7	4	1	8	9
6	1	9	8	3	2	7	4	5
9	4	5	2	1	7	3	6	8
1	6	3	4	5	8	2	9	7
2	7	8	9	6	3	5	1	4

46

4	3	1	2	9	6	7	5	8
5	6	8	4	3	7	2	9	1
7	2	9	5	1	8	3	6	4
1	4	3	7	2	9	5	8	6
8	9	2	6	5	4	1	7	3
6	7	5	3	8	1	9	4	2
2	1	6	9	4	5	8	3	7
3	5	7	8	6	2	4	1	9
9	8	4	1	7	3	6	2	5

47

3	7	6	9	2	5	8	1	4
2	5	4	1	8	7	9	3	6
9	1	8	6	3	4	2	7	5
7	3	5	2	6	1	4	8	9
4	9	1	7	5	8	6	2	3
6	8	2	3	4	9	7	5	1
8	2	3	4	1	6	5	9	7
5	6	7	8	9	3	1	4	2
1	4	9	5	7	2	3	6	8

48

3	4	6	8	2	7	5	1	9
7	2	5	9	1	6	8	3	4
8	1	9	3	5	4	6	7	2
5	8	7	4	3	2	1	9	6
2	6	1	7	8	9	4	5	3
9	3	4	1	6	5	7	2	8
6	7	8	2	9	1	3	4	5
4	9	3	5	7	8	2	6	1
1	5	2	6	4	3	9	8	7

49

8	1	5	6	2	7	4	3	9
6	2	3	4	9	8	7	1	5
9	7	4	1	5	3	2	8	6
2	4	1	9	6	5	3	7	8
7	6	8	3	4	2	9	5	1
3	5	9	8	7	1	6	2	4
5	8	6	7	3	9	1	4	2
4	3	2	5	1	6	8	9	7
1	9	7	2	8	4	5	6	3

50

5	9	6	7	4	1	2	8	3
4	2	3	8	5	9	1	7	6
7	8	1	2	3	6	9	4	5
3	6	9	1	7	4	5	2	8
2	5	4	9	8	3	6	1	7
8	1	7	5	6	2	3	9	4
1	3	8	4	9	5	7	6	2
9	7	5	6	2	8	4	3	1
6	4	2	3	1	7	8	5	9

51

7	5	8	6	2	4	1	3	9
2	9	3	7	1	8	4	6	5
6	4	1	3	9	5	7	2	8
1	3	4	9	8	2	6	5	7
5	7	6	1	4	3	8	9	2
9	8	2	5	6	7	3	4	1
8	6	9	2	3	1	5	7	4
3	1	5	4	7	9	2	8	6
4	2	7	8	5	6	9	1	3

52

6	1	5	2	9	4	7	8	3
8	4	2	3	7	6	5	9	1
7	3	9	1	8	5	2	6	4
2	6	8	5	4	1	9	3	7
5	9	3	6	2	7	4	1	8
4	7	1	9	3	8	6	2	5
3	8	6	4	5	2	1	7	9
9	2	4	7	1	3	8	5	6
1	5	7	8	6	9	3	4	2

53

3	8	9	6	5	7	4	1	2
5	7	1	8	4	2	9	6	3
2	4	6	3	1	9	7	8	5
1	3	7	4	2	6	5	9	8
6	5	2	9	7	8	1	3	4
4	9	8	1	3	5	6	2	7
9	2	4	5	6	3	8	7	1
8	1	3	7	9	4	2	5	6
7	6	5	2	8	1	3	4	9

54

5	9	7	4	8	1	3	2	6
6	2	4	7	5	3	9	8	1
8	1	3	6	2	9	4	5	7
1	8	5	9	4	6	7	3	2
3	4	6	5	7	2	1	9	8
9	7	2	1	3	8	6	4	5
7	5	8	3	6	4	2	1	9
2	3	9	8	1	7	5	6	4
4	6	1	2	9	5	8	7	3

55

8	9	1	3	7	2	4	6	5
7	3	6	1	4	5	8	9	2
4	5	2	8	6	9	3	1	7
6	2	7	9	3	8	5	4	1
5	8	3	4	1	7	6	2	9
9	1	4	5	2	6	7	3	8
3	7	9	2	8	4	1	5	6
2	4	8	6	5	1	9	7	3
1	6	5	7	9	3	2	8	4

56

7	5	1	4	9	3	8	2	6
9	6	2	1	8	7	4	3	5
3	8	4	5	2	6	1	9	7
4	9	6	3	7	1	2	5	8
2	3	5	8	6	4	9	7	1
8	1	7	9	5	2	6	4	3
1	2	3	6	4	5	7	8	9
5	7	8	2	1	9	3	6	4
6	4	9	7	3	8	5	1	2

57

2	7	3	9	5	8	6	1	4
6	9	4	1	7	3	5	8	2
8	1	5	2	4	6	9	7	3
7	4	8	5	6	9	2	3	1
3	5	6	8	1	2	7	4	9
1	2	9	4	3	7	8	5	6
5	6	7	3	9	1	4	2	8
9	8	1	7	2	4	3	6	5
4	3	2	6	8	5	1	9	7

58

7	8	9	4	3	1	5	6	2
4	1	5	7	2	6	8	9	3
6	3	2	5	9	8	7	1	4
8	4	3	9	1	5	2	7	6
5	9	6	2	7	4	3	8	1
2	7	1	6	8	3	4	5	9
9	2	8	3	6	7	1	4	5
1	6	4	8	5	2	9	3	7
3	5	7	1	4	9	6	2	8

59

5	3	8	2	4	7	1	9	6
4	9	2	6	5	1	3	8	7
7	6	1	3	9	8	5	2	4
9	1	7	8	3	6	2	4	5
6	8	4	5	1	2	9	7	3
3	2	5	4	7	9	8	6	1
8	5	6	1	2	4	7	3	9
1	4	9	7	8	3	6	5	2
2	7	3	9	6	5	4	1	8

60

4	2	1	7	3	5	9	8	6
8	5	3	9	6	1	4	2	7
7	6	9	8	4	2	1	5	3
6	3	8	5	9	7	2	4	1
5	4	7	1	2	3	8	6	9
1	9	2	6	8	4	7	3	5
9	7	4	2	5	6	3	1	8
3	1	5	4	7	8	6	9	2
2	8	6	3	1	9	5	7	4

61

8	6	3	1	7	4	5	9	2
7	9	1	5	2	3	6	4	8
4	2	5	6	8	9	1	7	3
1	5	4	8	3	6	9	2	7
2	7	6	4	9	1	3	8	5
3	8	9	2	5	7	4	6	1
6	1	2	7	4	5	8	3	9
5	3	7	9	6	8	2	1	4
9	4	8	3	1	2	7	5	6

62

1	6	3	9	5	2	7	4	8
9	8	4	6	1	7	3	5	2
2	5	7	4	8	3	1	6	9
6	2	8	1	3	4	5	9	7
4	1	9	5	7	6	8	2	3
7	3	5	8	2	9	4	1	6
3	7	6	2	4	5	9	8	1
5	9	1	3	6	8	2	7	4
8	4	2	7	9	1	6	3	5

63

3	1	7	8	5	6	9	2	4
6	5	8	9	4	2	3	7	1
9	4	2	7	3	1	6	8	5
2	6	1	5	9	4	7	3	8
7	8	5	1	2	3	4	6	9
4	3	9	6	8	7	5	1	2
1	2	3	4	7	5	8	9	6
8	7	4	2	6	9	1	5	3
5	9	6	3	1	8	2	4	7

64

4	6	1	5	8	3	2	9	7
7	3	2	1	9	6	5	4	8
9	5	8	7	4	2	6	1	3
1	7	5	4	6	8	9	3	2
2	8	3	9	5	1	4	7	6
6	9	4	2	3	7	1	8	5
5	4	6	8	7	9	3	2	1
3	1	7	6	2	4	8	5	9
8	2	9	3	1	5	7	6	4

65

5	4	3	2	9	8	7	6	1
2	9	6	4	7	1	3	5	8
1	7	8	6	5	3	2	9	4
7	5	2	3	4	6	1	8	9
6	8	9	1	2	5	4	7	3
4	3	1	9	8	7	5	2	6
8	6	4	5	1	2	9	3	7
3	1	5	7	6	9	8	4	2
9	2	7	8	3	4	6	1	5

66

1	8	4	3	9	2	6	7	5
6	5	2	7	4	8	3	1	9
9	3	7	1	6	5	2	8	4
8	4	3	9	5	6	7	2	1
7	2	1	4	8	3	5	9	6
5	9	6	2	7	1	8	4	3
2	1	5	8	3	9	4	6	7
4	6	9	5	2	7	1	3	8
3	7	8	6	1	4	9	5	2

67

5	9	3	6	2	7	8	1	4
2	7	8	1	4	5	3	6	9
6	4	1	3	9	8	7	5	2
1	2	9	5	8	4	6	3	7
7	6	4	9	3	1	5	2	8
3	8	5	2	7	6	4	9	1
4	1	2	8	5	3	9	7	6
9	3	7	4	6	2	1	8	5
8	5	6	7	1	9	2	4	3

68

8	2	5	4	3	7	9	1	6
1	3	6	2	5	9	4	8	7
9	7	4	1	6	8	3	2	5
7	5	2	3	8	6	1	9	4
4	8	9	5	1	2	7	6	3
3	6	1	7	9	4	8	5	2
6	1	7	8	4	5	2	3	9
5	4	3	9	2	1	6	7	8
2	9	8	6	7	3	5	4	1

69

9	2	4	6	8	7	1	3	5
7	3	6	5	9	1	4	8	2
1	8	5	3	4	2	7	9	6
5	1	2	9	7	4	3	6	8
4	9	8	1	3	6	2	5	7
6	7	3	2	5	8	9	4	1
3	6	9	7	2	5	8	1	4
2	4	1	8	6	3	5	7	9
8	5	7	4	1	9	6	2	3

70

8	2	7	9	4	3	1	6	5
5	1	4	7	6	8	9	2	3
3	6	9	2	5	1	7	8	4
6	4	8	3	1	7	5	9	2
2	7	1	8	9	5	4	3	6
9	3	5	6	2	4	8	1	7
7	5	3	1	8	2	6	4	9
4	8	6	5	3	9	2	7	1
1	9	2	4	7	6	3	5	8

71

2	9	3	8	4	1	7	5	6
7	1	4	5	9	6	8	3	2
5	6	8	3	2	7	4	9	1
1	4	6	7	3	9	2	8	5
8	2	7	6	5	4	9	1	3
9	3	5	1	8	2	6	7	4
3	8	2	9	6	5	1	4	7
4	7	9	2	1	3	5	6	8
6	5	1	4	7	8	3	2	9

72

8	5	4	7	2	6	9	1	3
7	3	2	5	9	1	4	8	6
1	9	6	3	4	8	7	2	5
2	7	8	1	3	9	6	5	4
9	4	3	6	8	5	2	7	1
6	1	5	2	7	4	3	9	8
4	8	1	9	6	2	5	3	7
5	2	7	4	1	3	8	6	9
3	6	9	8	5	7	1	4	2

73

5	2	3	4	7	9	1	8	6
8	9	1	3	5	6	7	4	2
7	4	6	8	1	2	3	9	5
9	7	5	6	2	3	8	1	4
1	6	4	7	8	5	2	3	9
2	3	8	1	9	4	6	5	7
6	5	9	2	3	8	4	7	1
3	1	2	9	4	7	5	6	8
4	8	7	5	6	1	9	2	3

74

4	2	6	7	8	9	1	3	5
9	8	1	5	4	3	6	7	2
7	5	3	1	6	2	4	9	8
2	7	9	8	3	1	5	4	6
8	6	5	4	2	7	9	1	3
3	1	4	9	5	6	8	2	7
5	3	2	6	9	4	7	8	1
1	4	8	3	7	5	2	6	9
6	9	7	2	1	8	3	5	4

75

2	5	8	1	6	7	4	9	3
6	4	1	9	5	3	8	7	2
9	7	3	8	2	4	6	5	1
8	2	7	3	9	6	1	4	5
3	1	9	4	7	5	2	8	6
5	6	4	2	1	8	7	3	9
1	3	5	7	8	2	9	6	4
4	8	2	6	3	9	5	1	7
7	9	6	5	4	1	3	2	8

76

1	8	2	5	7	9	4	3	6
3	4	6	8	2	1	5	9	7
9	5	7	3	6	4	8	2	1
4	6	3	9	5	8	1	7	2
5	2	9	7	1	6	3	8	4
7	1	8	2	4	3	9	6	5
6	3	5	1	8	7	2	4	9
8	7	1	4	9	2	6	5	3
2	9	4	6	3	5	7	1	8

77

6	1	2	7	3	5	9	4	8
4	8	5	6	9	1	2	7	3
7	9	3	2	8	4	1	5	6
2	3	6	5	4	7	8	9	1
8	4	9	3	1	6	5	2	7
1	5	7	8	2	9	3	6	4
9	2	8	4	7	3	6	1	5
5	7	1	9	6	8	4	3	2
3	6	4	1	5	2	7	8	9

78

9	4	8	6	2	7	5	1	3
1	7	5	3	8	4	2	9	6
3	6	2	1	9	5	7	4	8
2	9	6	7	5	3	4	8	1
5	1	3	2	4	8	9	6	7
7	8	4	9	6	1	3	5	2
4	2	7	8	1	9	6	3	5
8	3	9	5	7	6	1	2	4
6	5	1	4	3	2	8	7	9

79

6	4	7	8	5	3	2	1	9
1	8	3	9	2	4	6	5	7
5	9	2	7	1	6	4	3	8
4	2	5	3	7	8	1	9	6
7	3	9	2	6	1	5	8	4
8	1	6	5	4	9	3	7	2
3	7	4	6	9	5	8	2	1
2	6	8	1	3	7	9	4	5
9	5	1	4	8	2	7	6	3

80

4	5	1	8	7	3	6	9	2
7	2	9	4	1	6	5	8	3
3	6	8	5	9	2	1	4	7
1	8	6	3	5	9	2	7	4
2	4	3	1	8	7	9	5	6
9	7	5	2	6	4	8	3	1
5	9	7	6	3	1	4	2	8
8	1	4	7	2	5	3	6	9
6	3	2	9	4	8	7	1	5

81

3	4	7	5	2	8	9	1	6
1	9	2	6	7	3	4	8	5
6	8	5	1	9	4	3	7	2
5	7	3	9	8	1	2	6	4
9	6	1	2	4	7	8	5	3
4	2	8	3	6	5	1	9	7
7	3	9	8	5	2	6	4	1
8	1	4	7	3	6	5	2	9
2	5	6	4	1	9	7	3	8

82

3	5	2	4	6	1	7	9	8
7	8	1	5	3	9	4	2	6
4	6	9	8	7	2	5	1	3
1	4	8	6	9	3	2	5	7
6	3	7	2	5	4	1	8	9
2	9	5	1	8	7	3	6	4
5	7	3	9	1	8	6	4	2
8	1	4	7	2	6	9	3	5
9	2	6	3	4	5	8	7	1

83

2	1	5	7	6	9	3	4	8
6	4	7	8	1	3	5	2	9
8	9	3	5	4	2	6	1	7
5	6	4	9	7	1	8	3	2
9	8	2	3	5	6	4	7	1
7	3	1	2	8	4	9	5	6
1	7	8	6	3	5	2	9	4
4	5	9	1	2	8	7	6	3
3	2	6	4	9	7	1	8	5

84

1	5	2	9	3	8	6	7	4
6	8	3	2	7	4	5	9	1
4	7	9	6	1	5	8	2	3
9	3	5	7	4	1	2	8	6
2	4	7	8	9	6	3	1	5
8	6	1	3	5	2	7	4	9
7	9	6	4	8	3	1	5	2
5	2	4	1	6	7	9	3	8
3	1	8	5	2	9	4	6	7

85

6	2	7	1	5	4	3	9	8
3	5	1	8	7	9	4	6	2
9	4	8	3	2	6	5	7	1
8	3	6	2	1	5	7	4	9
1	7	4	9	6	3	8	2	5
5	9	2	4	8	7	1	3	6
7	1	9	5	3	2	6	8	4
2	8	3	6	4	1	9	5	7
4	6	5	7	9	8	2	1	3

86

6	8	9	7	5	1	2	4	3
5	1	3	6	2	4	8	7	9
2	4	7	3	9	8	1	5	6
8	5	4	1	3	2	9	6	7
3	7	1	4	6	9	5	8	2
9	2	6	8	7	5	3	1	4
1	9	2	5	4	6	7	3	8
7	6	8	2	1	3	4	9	5
4	3	5	9	8	7	6	2	1

87

6	8	9	4	2	1	5	3	7
3	2	1	5	9	7	4	6	8
4	5	7	3	8	6	2	9	1
5	6	3	8	1	2	9	7	4
1	7	2	9	4	5	6	8	3
9	4	8	7	6	3	1	2	5
8	9	5	2	3	4	7	1	6
2	1	4	6	7	8	3	5	9
7	3	6	1	5	9	8	4	2

88

1	5	6	7	2	4	8	9	3
8	2	3	9	6	1	7	4	5
9	7	4	3	8	5	6	1	2
2	3	8	6	4	7	1	5	9
7	1	5	8	9	2	4	3	6
4	6	9	5	1	3	2	7	8
3	9	2	1	7	6	5	8	4
5	4	7	2	3	8	9	6	1
6	8	1	4	5	9	3	2	7

89

5	6	8	2	9	7	1	4	3
3	1	4	5	6	8	7	9	2
9	7	2	1	3	4	5	6	8
4	8	6	7	5	9	2	3	1
1	2	5	4	8	3	9	7	6
7	9	3	6	1	2	4	8	5
6	3	1	9	4	5	8	2	7
2	5	9	8	7	6	3	1	4
8	4	7	3	2	1	6	5	9

90

9	1	6	2	8	4	3	5	7
2	7	4	1	5	3	6	8	9
8	3	5	7	6	9	4	2	1
1	8	9	3	4	5	7	6	2
5	4	3	6	2	7	9	1	8
7	6	2	9	1	8	5	4	3
3	2	8	4	9	6	1	7	5
4	9	1	5	7	2	8	3	6
6	5	7	8	3	1	2	9	4

91

9	3	5	2	6	1	4	7	8
8	4	6	7	3	5	1	2	9
1	2	7	9	8	4	3	6	5
7	8	4	6	2	9	5	1	3
3	5	9	8	1	7	2	4	6
6	1	2	5	4	3	8	9	7
4	7	8	1	5	6	9	3	2
2	9	3	4	7	8	6	5	1
5	6	1	3	9	2	7	8	4

92

9	8	4	3	5	1	2	6	7
1	3	2	6	7	9	5	4	8
6	7	5	4	8	2	9	1	3
2	5	6	1	3	7	4	8	9
7	4	9	8	2	6	1	3	5
8	1	3	9	4	5	6	7	2
5	9	1	7	6	3	8	2	4
4	2	7	5	1	8	3	9	6
3	6	8	2	9	4	7	5	1

93

1	2	7	6	8	5	3	9	4
3	9	6	1	7	4	2	8	5
5	4	8	9	2	3	6	1	7
7	1	5	4	3	6	9	2	8
6	8	4	2	5	9	1	7	3
2	3	9	7	1	8	4	5	6
8	6	2	3	9	7	5	4	1
9	5	3	8	4	1	7	6	2
4	7	1	5	6	2	8	3	9

94

9	7	5	4	3	2	6	8	1
4	8	2	1	6	9	7	3	5
6	3	1	5	7	8	2	4	9
5	6	3	8	9	4	1	2	7
8	1	4	7	2	6	9	5	3
2	9	7	3	1	5	8	6	4
1	2	6	9	5	3	4	7	8
7	5	8	2	4	1	3	9	6
3	4	9	6	8	7	5	1	2

95

8	4	2	1	7	6	9	3	5
1	6	7	9	5	3	8	4	2
5	3	9	4	8	2	6	7	1
7	9	4	3	2	1	5	6	8
3	2	5	8	6	9	7	1	4
6	8	1	7	4	5	2	9	3
4	7	3	5	9	8	1	2	6
2	1	8	6	3	7	4	5	9
9	5	6	2	1	4	3	8	7

96

3	8	2	5	6	9	7	4	1
1	6	5	7	2	4	9	3	8
4	7	9	1	3	8	5	6	2
7	3	4	8	5	6	1	2	9
5	9	1	4	7	2	6	8	3
6	2	8	9	1	3	4	7	5
8	1	6	2	9	7	3	5	4
9	4	3	6	8	5	2	1	7
2	5	7	3	4	1	8	9	6

97

7	2	8	3	6	4	9	1	5
3	9	6	1	2	5	4	7	8
5	1	4	8	7	9	3	2	6
9	8	5	6	1	3	7	4	2
4	3	2	9	5	7	8	6	1
1	6	7	4	8	2	5	3	9
8	4	3	2	9	6	1	5	7
2	5	1	7	4	8	6	9	3
6	7	9	5	3	1	2	8	4

98

5	3	4	6	1	7	8	2	9
7	9	1	8	5	2	4	6	3
6	8	2	9	3	4	5	1	7
4	6	3	5	2	9	7	8	1
2	5	8	1	7	6	9	3	4
1	7	9	3	4	8	6	5	2
9	2	6	4	8	3	1	7	5
3	4	5	7	6	1	2	9	8
8	1	7	2	9	5	3	4	6

99

8	7	6	5	3	9	2	1	4
4	9	3	2	1	6	8	7	5
2	1	5	4	8	7	6	3	9
3	6	8	7	4	2	5	9	1
5	2	7	1	9	3	4	6	8
1	4	9	8	6	5	7	2	3
7	8	1	3	2	4	9	5	6
9	5	4	6	7	1	3	8	2
6	3	2	9	5	8	1	4	7

100

3	5	4	1	9	7	6	8	2
1	7	8	2	5	6	3	4	9
9	2	6	3	4	8	1	7	5
7	9	3	6	8	2	5	1	4
6	1	5	4	7	3	2	9	8
8	4	2	5	1	9	7	3	6
2	3	9	7	6	4	8	5	1
4	6	1	8	3	5	9	2	7
5	8	7	9	2	1	4	6	3

101

6	7	5	2	8	4	1	9	3
3	8	2	5	9	1	7	4	6
1	9	4	3	6	7	2	5	8
4	5	7	1	3	9	8	6	2
9	1	8	4	2	6	3	7	5
2	6	3	7	5	8	4	1	9
8	2	1	9	4	5	6	3	7
7	3	9	6	1	2	5	8	4
5	4	6	8	7	3	9	2	1

102

5	8	2	6	3	7	4	9	1
7	1	4	9	8	2	5	6	3
3	9	6	1	5	4	8	7	2
2	6	8	5	4	1	9	3	7
9	7	1	8	6	3	2	5	4
4	5	3	7	2	9	1	8	6
8	2	7	4	9	6	3	1	5
1	4	5	3	7	8	6	2	9
6	3	9	2	1	5	7	4	8

103

2	3	5	6	4	8	7	9	1
9	6	8	5	7	1	4	3	2
1	7	4	3	9	2	5	6	8
6	8	9	2	3	4	1	7	5
5	2	1	8	6	7	9	4	3
3	4	7	1	5	9	8	2	6
4	1	2	7	8	3	6	5	9
7	5	3	9	1	6	2	8	4
8	9	6	4	2	5	3	1	7

104

7	4	3	8	2	6	5	9	1
2	5	6	1	7	9	4	8	3
8	1	9	3	4	5	2	7	6
1	9	4	5	3	7	8	6	2
6	7	8	4	9	2	1	3	5
5	3	2	6	8	1	9	4	7
9	6	5	7	1	8	3	2	4
4	2	7	9	5	3	6	1	8
3	8	1	2	6	4	7	5	9

105

7	8	9	2	3	5	6	4	1
3	1	5	7	6	4	9	2	8
4	6	2	9	8	1	3	5	7
9	4	8	6	5	7	2	1	3
5	3	6	1	2	9	7	8	4
2	7	1	8	4	3	5	9	6
6	5	7	4	9	8	1	3	2
1	9	4	3	7	2	8	6	5
8	2	3	5	1	6	4	7	9

106

9	2	8	6	1	3	4	7	5
1	4	5	7	8	2	3	9	6
7	6	3	9	4	5	2	8	1
6	8	4	1	5	9	7	2	3
5	7	2	8	3	6	9	1	4
3	1	9	2	7	4	5	6	8
2	3	6	5	9	1	8	4	7
8	5	1	4	2	7	6	3	9
4	9	7	3	6	8	1	5	2

107

7	2	6	3	1	4	9	5	8
1	3	9	5	8	2	7	6	4
8	5	4	9	7	6	1	2	3
3	9	1	8	5	7	2	4	6
5	4	8	2	6	1	3	9	7
6	7	2	4	3	9	5	8	1
2	8	5	7	4	3	6	1	9
4	6	7	1	9	5	8	3	2
9	1	3	6	2	8	4	7	5

108

3	1	5	4	7	8	2	9	6
9	8	4	2	6	1	5	7	3
7	6	2	3	9	5	1	8	4
5	9	7	8	3	4	6	1	2
1	2	3	6	5	9	7	4	8
6	4	8	7	1	2	9	3	5
2	3	6	1	4	7	8	5	9
8	5	1	9	2	3	4	6	7
4	7	9	5	8	6	3	2	1

109

5	7	6	2	4	3	8	9	1
9	2	3	1	5	8	6	7	4
1	8	4	6	9	7	3	2	5
8	4	5	3	1	9	2	6	7
6	3	2	7	8	4	1	5	9
7	1	9	5	2	6	4	3	8
2	6	1	4	7	5	9	8	3
3	9	7	8	6	1	5	4	2
4	5	8	9	3	2	7	1	6

110

9	4	2	5	7	8	1	6	3
7	8	5	6	3	1	4	2	9
3	6	1	9	2	4	8	5	7
4	2	9	1	5	3	6	7	8
1	3	7	8	9	6	2	4	5
8	5	6	2	4	7	9	3	1
6	1	4	7	8	5	3	9	2
5	9	8	3	6	2	7	1	4
2	7	3	4	1	9	5	8	6

111

5	8	3	7	9	4	1	2	6
6	4	7	3	2	1	9	5	8
2	9	1	8	5	6	3	7	4
3	6	8	5	1	9	2	4	7
4	7	9	2	8	3	6	1	5
1	5	2	4	6	7	8	9	3
9	3	5	6	7	2	4	8	1
7	2	6	1	4	8	5	3	9
8	1	4	9	3	5	7	6	2

112

3	8	1	6	9	4	2	7	5
6	4	7	2	5	1	9	3	8
9	5	2	7	8	3	6	1	4
2	7	9	1	4	5	8	6	3
1	6	5	3	2	8	4	9	7
8	3	4	9	7	6	5	2	1
4	9	6	8	1	7	3	5	2
7	2	8	5	3	9	1	4	6
5	1	3	4	6	2	7	8	9

113

6	2	4	9	7	8	3	1	5
3	9	7	5	2	1	4	6	8
1	5	8	3	4	6	2	9	7
4	8	6	2	9	7	1	5	3
2	1	3	6	8	5	9	7	4
9	7	5	4	1	3	6	8	2
8	6	2	7	3	9	5	4	1
7	3	9	1	5	4	8	2	6
5	4	1	8	6	2	7	3	9

114

6	1	9	4	5	8	7	2	3
5	4	3	6	2	7	9	1	8
7	8	2	9	1	3	4	5	6
1	9	7	5	8	2	3	6	4
8	2	5	3	6	4	1	7	9
3	6	4	7	9	1	5	8	2
4	5	8	1	3	6	2	9	7
2	3	1	8	7	9	6	4	5
9	7	6	2	4	5	8	3	1

115

4	1	8	3	7	6	2	9	5
9	5	6	4	1	2	3	7	8
3	7	2	9	8	5	1	4	6
6	9	7	5	2	3	4	8	1
2	4	5	1	9	8	7	6	3
8	3	1	7	6	4	5	2	9
1	8	3	2	4	9	6	5	7
7	2	9	6	5	1	8	3	4
5	6	4	8	3	7	9	1	2

116

1	9	8	2	4	7	6	5	3
3	6	7	1	9	5	2	8	4
2	4	5	8	3	6	9	1	7
4	5	1	7	6	9	3	2	8
6	7	9	3	2	8	5	4	1
8	3	2	4	5	1	7	9	6
9	2	4	6	8	3	1	7	5
5	1	6	9	7	4	8	3	2
7	8	3	5	1	2	4	6	9

117

4	8	7	9	6	3	5	1	2
6	3	9	2	1	5	7	4	8
5	1	2	7	4	8	6	9	3
7	9	1	8	5	2	3	6	4
3	5	6	1	7	4	8	2	9
2	4	8	6	3	9	1	7	5
9	6	3	4	8	7	2	5	1
1	2	5	3	9	6	4	8	7
8	7	4	5	2	1	9	3	6

118

2	3	7	9	1	5	8	4	6
8	4	1	6	2	3	5	7	9
6	5	9	4	8	7	2	3	1
5	9	8	7	4	2	1	6	3
1	7	6	3	5	9	4	8	2
4	2	3	8	6	1	7	9	5
9	6	2	1	7	4	3	5	8
3	1	4	5	9	8	6	2	7
7	8	5	2	3	6	9	1	4

119

7	1	3	9	2	5	8	4	6
8	9	5	1	6	4	2	3	7
2	6	4	7	8	3	1	5	9
6	4	8	3	5	2	9	7	1
5	7	9	8	1	6	4	2	3
3	2	1	4	9	7	5	6	8
9	3	2	5	7	8	6	1	4
4	8	6	2	3	1	7	9	5
1	5	7	6	4	9	3	8	2

120

1	3	7	2	5	4	8	9	6
9	6	4	8	3	7	2	1	5
5	2	8	6	1	9	7	4	3
3	4	9	1	7	6	5	8	2
6	5	1	4	8	2	3	7	9
8	7	2	3	9	5	4	6	1
4	9	6	7	2	3	1	5	8
2	8	5	9	4	1	6	3	7
7	1	3	5	6	8	9	2	4

121

5	7	6	4	1	2	8	9	3
8	2	3	6	7	9	5	4	1
4	1	9	5	8	3	7	2	6
7	5	1	9	3	4	6	8	2
3	9	2	7	6	8	4	1	5
6	8	4	2	5	1	9	3	7
2	4	5	3	9	6	1	7	8
9	6	8	1	2	7	3	5	4
1	3	7	8	4	5	2	6	9

122

9	5	4	2	6	3	1	7	8
7	6	8	1	5	9	4	3	2
2	3	1	4	8	7	9	5	6
3	9	5	8	7	2	6	4	1
6	1	2	5	9	4	7	8	3
8	4	7	6	3	1	5	2	9
4	2	6	3	1	5	8	9	7
5	8	9	7	2	6	3	1	4
1	7	3	9	4	8	2	6	5

123

6	8	4	5	7	9	3	1	2
5	2	7	1	3	8	4	9	6
1	9	3	2	6	4	7	8	5
3	7	9	8	5	2	1	6	4
4	5	1	3	9	6	2	7	8
8	6	2	4	1	7	9	5	3
7	4	5	6	2	1	8	3	9
9	3	8	7	4	5	6	2	1
2	1	6	9	8	3	5	4	7

124

6	8	4	2	1	3	9	5	7
9	1	2	4	7	5	3	6	8
3	5	7	6	9	8	4	1	2
7	4	1	5	8	2	6	3	9
5	6	8	3	4	9	2	7	1
2	9	3	1	6	7	5	8	4
4	2	5	7	3	1	8	9	6
8	7	6	9	5	4	1	2	3
1	3	9	8	2	6	7	4	5

125

3	6	8	5	2	9	1	4	7
2	5	1	4	8	7	3	6	9
9	4	7	6	3	1	2	8	5
5	2	4	1	6	3	9	7	8
6	8	9	2	7	4	5	3	1
1	7	3	8	9	5	4	2	6
8	1	2	3	5	6	7	9	4
4	9	6	7	1	2	8	5	3
7	3	5	9	4	8	6	1	2

126

8	1	3	4	7	9	5	2	6
7	2	5	1	3	6	4	8	9
6	9	4	8	5	2	1	7	3
1	4	7	2	6	3	8	9	5
9	3	6	5	8	1	2	4	7
5	8	2	7	9	4	3	6	1
4	5	8	6	1	7	9	3	2
3	6	1	9	2	8	7	5	4
2	7	9	3	4	5	6	1	8

127

5	6	7	2	8	3	4	9	1
1	3	4	9	5	6	7	2	8
9	8	2	4	1	7	5	3	6
3	9	6	8	7	5	2	1	4
8	2	5	1	4	9	3	6	7
7	4	1	3	6	2	9	8	5
4	5	9	6	2	8	1	7	3
2	1	8	7	3	4	6	5	9
6	7	3	5	9	1	8	4	2

128

6	9	2	3	8	4	7	1	5
3	7	5	6	1	9	4	8	2
4	8	1	5	2	7	3	6	9
9	5	4	1	7	2	8	3	6
8	3	7	4	6	5	9	2	1
2	1	6	8	9	3	5	7	4
5	2	8	7	4	6	1	9	3
7	6	3	9	5	1	2	4	8
1	4	9	2	3	8	6	5	7

129

1	5	9	7	3	4	2	8	6
8	2	4	5	9	6	1	7	3
3	7	6	2	8	1	5	4	9
9	4	8	3	2	5	7	6	1
6	3	7	4	1	8	9	5	2
2	1	5	6	7	9	8	3	4
4	6	2	1	5	7	3	9	8
7	9	3	8	4	2	6	1	5
5	8	1	9	6	3	4	2	7

130

6	2	8	3	5	7	9	4	1
1	4	7	8	6	9	5	3	2
3	9	5	4	1	2	8	7	6
4	7	6	9	2	5	3	1	8
2	8	9	1	4	3	6	5	7
5	3	1	7	8	6	2	9	4
9	6	2	5	7	4	1	8	3
8	5	4	2	3	1	7	6	9
7	1	3	6	9	8	4	2	5

131

4	2	1	3	7	8	6	5	9
9	6	7	2	1	5	4	3	8
5	3	8	4	9	6	7	2	1
3	8	4	6	2	7	9	1	5
7	5	9	8	3	1	2	6	4
2	1	6	5	4	9	3	8	7
8	4	2	9	5	3	1	7	6
6	7	3	1	8	4	5	9	2
1	9	5	7	6	2	8	4	3

132

5	1	3	4	7	2	9	6	8
2	7	8	9	6	5	1	3	4
6	4	9	8	1	3	7	5	2
7	2	5	6	4	1	3	8	9
9	6	4	5	3	8	2	7	1
3	8	1	7	2	9	6	4	5
4	3	2	1	5	7	8	9	6
8	5	7	2	9	6	4	1	3
1	9	6	3	8	4	5	2	7

133

5	9	1	2	7	6	8	4	3
4	2	6	3	8	5	1	9	7
8	7	3	1	4	9	2	5	6
3	4	7	5	2	1	9	6	8
2	1	9	6	3	8	5	7	4
6	5	8	4	9	7	3	1	2
9	6	2	8	1	4	7	3	5
7	3	5	9	6	2	4	8	1
1	8	4	7	5	3	6	2	9

134

1	3	9	8	6	4	7	2	5
4	2	6	1	5	7	3	8	9
7	5	8	2	3	9	6	4	1
8	4	1	7	9	2	5	3	6
6	7	3	4	1	5	2	9	8
2	9	5	6	8	3	1	7	4
5	8	7	9	2	1	4	6	3
3	6	4	5	7	8	9	1	2
9	1	2	3	4	6	8	5	7

135

2	9	4	8	1	5	7	6	3
1	7	5	9	3	6	8	4	2
3	8	6	2	4	7	1	9	5
4	2	9	3	5	8	6	7	1
7	5	3	6	9	1	4	2	8
8	6	1	7	2	4	3	5	9
9	4	8	1	7	2	5	3	6
6	3	7	5	8	9	2	1	4
5	1	2	4	6	3	9	8	7

136

8	6	9	1	5	7	4	2	3
1	3	4	9	2	6	8	5	7
7	2	5	8	3	4	1	6	9
3	7	8	4	6	2	9	1	5
5	9	6	3	7	1	2	8	4
2	4	1	5	8	9	7	3	6
6	5	7	2	9	8	3	4	1
4	8	3	7	1	5	6	9	2
9	1	2	6	4	3	5	7	8

137

9	4	7	1	6	8	2	5	3
2	1	5	3	4	9	7	8	6
3	6	8	7	2	5	4	9	1
6	8	3	9	7	1	5	4	2
1	7	9	4	5	2	6	3	8
4	5	2	8	3	6	9	1	7
7	9	4	2	8	3	1	6	5
8	2	6	5	1	4	3	7	9
5	3	1	6	9	7	8	2	4

138

5	8	2	3	1	7	6	9	4
1	7	9	4	5	6	2	3	8
3	4	6	8	9	2	1	5	7
4	3	1	7	2	9	8	6	5
8	2	7	6	4	5	9	1	3
6	9	5	1	8	3	7	4	2
7	6	4	2	3	1	5	8	9
2	5	3	9	6	8	4	7	1
9	1	8	5	7	4	3	2	6

139

4	6	1	5	3	9	8	7	2
9	8	2	1	6	7	4	3	5
5	3	7	8	4	2	9	6	1
1	7	4	9	5	6	3	2	8
8	5	6	7	2	3	1	4	9
2	9	3	4	8	1	6	5	7
7	4	8	3	1	5	2	9	6
6	1	9	2	7	4	5	8	3
3	2	5	6	9	8	7	1	4

140

6	9	2	3	1	5	4	8	7
8	1	4	7	6	9	3	5	2
3	7	5	8	2	4	1	6	9
4	3	1	2	5	8	7	9	6
2	6	9	1	4	7	5	3	8
5	8	7	9	3	6	2	4	1
7	5	3	6	9	1	8	2	4
1	4	6	5	8	2	9	7	3
9	2	8	4	7	3	6	1	5

141

2	4	5	7	8	1	6	3	9
9	7	8	4	6	3	5	1	2
1	3	6	5	9	2	4	7	8
5	8	3	9	2	4	1	6	7
7	2	4	6	1	5	9	8	3
6	1	9	3	7	8	2	4	5
3	6	7	1	5	9	8	2	4
4	9	2	8	3	6	7	5	1
8	5	1	2	4	7	3	9	6

142

8	6	2	9	3	1	5	7	4
7	5	4	8	2	6	9	3	1
3	9	1	7	4	5	8	6	2
6	1	7	5	8	3	2	4	9
5	2	3	4	9	7	1	8	6
4	8	9	1	6	2	3	5	7
9	3	8	2	7	4	6	1	5
2	4	5	6	1	8	7	9	3
1	7	6	3	5	9	4	2	8

143

3	6	9	4	1	2	7	5	8
8	7	2	3	6	5	1	4	9
1	5	4	8	9	7	2	3	6
4	8	3	9	7	1	6	2	5
6	9	5	2	3	4	8	7	1
2	1	7	5	8	6	3	9	4
9	2	6	1	5	3	4	8	7
5	3	1	7	4	8	9	6	2
7	4	8	6	2	9	5	1	3

144

1	8	9	7	4	6	3	2	5
4	6	7	3	2	5	9	8	1
3	5	2	8	1	9	7	4	6
2	3	6	4	7	1	8	5	9
8	7	5	6	9	2	4	1	3
9	4	1	5	8	3	2	6	7
5	9	3	2	6	8	1	7	4
7	1	8	9	5	4	6	3	2
6	2	4	1	3	7	5	9	8

145

8	1	6	7	3	2	4	9	5
9	7	3	4	1	5	8	6	2
5	4	2	9	8	6	3	7	1
2	9	7	8	6	1	5	3	4
6	5	1	3	2	4	7	8	9
3	8	4	5	9	7	2	1	6
4	2	9	1	7	8	6	5	3
1	6	8	2	5	3	9	4	7
7	3	5	6	4	9	1	2	8

146

5	3	9	4	2	7	6	1	8
4	6	1	8	3	5	9	7	2
2	7	8	9	1	6	4	5	3
7	2	6	3	9	4	5	8	1
1	8	5	6	7	2	3	4	9
3	9	4	1	5	8	2	6	7
8	5	3	2	6	1	7	9	4
6	4	2	7	8	9	1	3	5
9	1	7	5	4	3	8	2	6

147

3	9	7	8	2	1	6	4	5
4	6	5	7	9	3	1	8	2
8	1	2	6	5	4	3	9	7
7	5	3	2	8	9	4	6	1
6	2	8	1	4	7	9	5	3
1	4	9	5	3	6	7	2	8
9	8	4	3	7	2	5	1	6
5	7	6	4	1	8	2	3	9
2	3	1	9	6	5	8	7	4

148

8	1	3	9	6	2	5	4	7
2	7	6	5	3	4	1	8	9
9	4	5	8	7	1	6	3	2
1	9	7	6	4	3	2	5	8
6	3	8	2	5	9	7	1	4
5	2	4	7	1	8	9	6	3
4	5	9	1	8	7	3	2	6
7	8	1	3	2	6	4	9	5
3	6	2	4	9	5	8	7	1

149

2	4	1	5	9	6	7	3	8
7	6	8	3	2	4	1	5	9
9	3	5	1	7	8	6	2	4
5	7	9	6	4	2	8	1	3
3	2	4	9	8	1	5	6	7
1	8	6	7	3	5	9	4	2
6	9	2	4	1	7	3	8	5
4	1	7	8	5	3	2	9	6
8	5	3	2	6	9	4	7	1

150

6	7	2	8	4	5	1	3	9
9	3	5	6	1	7	2	4	8
8	1	4	9	3	2	6	5	7
7	9	8	1	2	4	5	6	3
3	2	1	5	6	8	7	9	4
5	4	6	7	9	3	8	2	1
2	8	9	4	7	6	3	1	5
1	5	3	2	8	9	4	7	6
4	6	7	3	5	1	9	8	2

151

7	6	9	4	2	5	1	3	8
5	3	2	6	8	1	4	7	9
8	4	1	3	7	9	2	5	6
2	5	3	9	1	6	7	8	4
4	1	8	2	5	7	6	9	3
9	7	6	8	3	4	5	2	1
3	9	7	1	6	2	8	4	5
1	2	4	5	9	8	3	6	7
6	8	5	7	4	3	9	1	2

152

6	1	2	5	9	7	4	3	8
5	7	8	1	4	3	6	2	9
4	3	9	8	6	2	7	5	1
1	6	5	2	3	8	9	7	4
7	9	4	6	1	5	3	8	2
2	8	3	4	7	9	1	6	5
8	4	1	3	5	6	2	9	7
9	5	6	7	2	4	8	1	3
3	2	7	9	8	1	5	4	6

153

3	6	4	7	9	2	1	5	8
8	7	5	3	1	4	2	6	9
2	1	9	8	6	5	4	3	7
1	8	7	2	5	9	3	4	6
6	4	3	1	8	7	9	2	5
5	9	2	6	4	3	7	8	1
7	5	6	4	2	1	8	9	3
9	2	1	5	3	8	6	7	4
4	3	8	9	7	6	5	1	2

154

3	8	9	4	2	6	7	1	5
4	5	7	1	9	8	2	3	6
2	1	6	5	7	3	4	9	8
1	7	4	3	5	2	6	8	9
5	6	2	8	1	9	3	7	4
8	9	3	7	6	4	5	2	1
6	4	8	9	3	7	1	5	2
7	2	5	6	8	1	9	4	3
9	3	1	2	4	5	8	6	7

155

9	8	1	5	2	3	6	4	7
2	7	5	4	6	1	8	3	9
6	3	4	8	9	7	1	2	5
4	6	3	1	7	9	5	8	2
5	2	7	3	4	8	9	1	6
1	9	8	6	5	2	4	7	3
7	5	6	2	1	4	3	9	8
3	4	9	7	8	6	2	5	1
8	1	2	9	3	5	7	6	4

156

9	6	3	5	7	4	8	2	1
2	4	5	6	1	8	3	7	9
8	1	7	2	9	3	5	6	4
1	9	2	3	6	5	4	8	7
5	7	4	8	2	9	1	3	6
6	3	8	7	4	1	2	9	5
3	5	1	9	8	7	6	4	2
7	8	6	4	5	2	9	1	3
4	2	9	1	3	6	7	5	8

157

2	8	9	4	6	3	5	7	1
5	6	4	7	9	1	8	2	3
1	3	7	2	5	8	9	6	4
7	2	5	1	8	4	3	9	6
8	9	3	5	7	6	4	1	2
4	1	6	9	3	2	7	8	5
9	4	1	3	2	7	6	5	8
6	5	2	8	4	9	1	3	7
3	7	8	6	1	5	2	4	9

158

5	2	9	6	7	4	8	1	3
3	1	6	8	5	9	4	7	2
7	8	4	3	2	1	5	9	6
8	9	1	5	6	2	7	3	4
6	7	2	4	9	3	1	8	5
4	3	5	7	1	8	6	2	9
9	5	8	1	3	6	2	4	7
1	6	3	2	4	7	9	5	8
2	4	7	9	8	5	3	6	1

159

7	5	2	4	1	9	3	6	8
8	6	9	2	7	3	5	1	4
4	1	3	5	8	6	2	9	7
9	7	4	1	2	5	6	8	3
6	2	1	8	3	4	9	7	5
3	8	5	9	6	7	1	4	2
2	9	6	3	4	8	7	5	1
1	4	7	6	5	2	8	3	9
5	3	8	7	9	1	4	2	6

160

5	1	2	3	6	7	8	4	9
7	6	4	9	2	8	3	1	5
9	8	3	5	1	4	6	7	2
1	2	5	4	3	6	9	8	7
6	4	9	8	7	5	2	3	1
8	3	7	2	9	1	4	5	6
4	9	8	7	5	2	1	6	3
2	7	6	1	4	3	5	9	8
3	5	1	6	8	9	7	2	4

161

3	4	1	8	9	7	6	2	5
2	6	7	5	1	3	9	8	4
8	9	5	4	2	6	1	7	3
1	7	4	2	3	5	8	9	6
5	2	3	6	8	9	4	1	7
9	8	6	7	4	1	5	3	2
6	1	8	3	5	2	7	4	9
4	5	2	9	7	8	3	6	1
7	3	9	1	6	4	2	5	8

162

6	8	3	7	4	1	9	2	5
1	2	9	5	3	8	6	7	4
5	7	4	6	2	9	8	3	1
8	4	6	3	1	2	7	5	9
9	3	5	8	6	7	1	4	2
7	1	2	4	9	5	3	8	6
3	5	1	2	8	6	4	9	7
2	6	8	9	7	4	5	1	3
4	9	7	1	5	3	2	6	8

163

6	7	9	1	2	8	4	3	5
5	8	2	7	4	3	1	6	9
3	1	4	9	6	5	7	2	8
9	3	6	8	5	4	2	1	7
7	4	8	6	1	2	5	9	3
2	5	1	3	9	7	6	8	4
1	6	7	4	3	9	8	5	2
4	9	5	2	8	1	3	7	6
8	2	3	5	7	6	9	4	1

164

6	7	8	5	9	1	3	2	4
2	3	1	4	6	8	7	9	5
4	9	5	7	2	3	1	8	6
7	8	3	9	1	5	6	4	2
5	2	6	3	4	7	9	1	8
9	1	4	2	8	6	5	7	3
1	6	7	8	5	4	2	3	9
3	4	9	6	7	2	8	5	1
8	5	2	1	3	9	4	6	7

165

7	9	8	2	5	3	1	6	4
3	4	2	9	1	6	8	7	5
5	6	1	8	7	4	3	2	9
1	2	9	7	3	5	4	8	6
4	8	7	6	9	2	5	3	1
6	5	3	1	4	8	2	9	7
9	3	5	4	8	7	6	1	2
8	1	6	5	2	9	7	4	3
2	7	4	3	6	1	9	5	8

166

8	3	7	5	6	1	2	4	9
2	6	1	4	8	9	5	7	3
4	5	9	2	3	7	6	1	8
5	7	2	3	4	6	9	8	1
3	8	6	9	1	2	7	5	4
1	9	4	8	7	5	3	2	6
6	4	8	7	2	3	1	9	5
7	1	5	6	9	4	8	3	2
9	2	3	1	5	8	4	6	7

167

1	2	5	6	7	4	9	3	8
4	6	8	9	3	5	1	7	2
9	7	3	1	8	2	6	4	5
6	9	4	2	5	7	3	8	1
7	8	1	4	9	3	5	2	6
5	3	2	8	1	6	7	9	4
3	1	9	5	2	8	4	6	7
2	4	7	3	6	1	8	5	9
8	5	6	7	4	9	2	1	3

168

2	1	7	5	9	3	4	8	6
5	6	9	8	2	4	7	1	3
4	3	8	6	1	7	2	5	9
1	7	5	3	8	9	6	4	2
8	9	4	7	6	2	1	3	5
6	2	3	4	5	1	8	9	7
7	5	6	9	4	8	3	2	1
9	4	2	1	3	6	5	7	8
3	8	1	2	7	5	9	6	4

169

1	5	6	7	3	4	8	2	9
7	2	8	5	9	1	4	6	3
3	4	9	6	2	8	1	7	5
8	3	4	9	5	7	6	1	2
2	9	1	4	8	6	3	5	7
6	7	5	2	1	3	9	4	8
9	6	2	8	4	5	7	3	1
5	1	7	3	6	9	2	8	4
4	8	3	1	7	2	5	9	6

170

8	6	3	2	9	1	4	7	5
7	2	9	6	4	5	3	8	1
4	1	5	7	8	3	9	2	6
1	3	8	9	6	4	2	5	7
2	4	6	3	5	7	8	1	9
5	9	7	1	2	8	6	4	3
6	5	2	4	7	9	1	3	8
3	7	4	8	1	6	5	9	2
9	8	1	5	3	2	7	6	4

171

8	9	5	4	3	2	6	7	1
6	3	2	9	7	1	8	4	5
4	1	7	8	6	5	3	2	9
2	6	3	1	4	9	5	8	7
1	5	9	7	2	8	4	6	3
7	4	8	3	5	6	1	9	2
9	2	4	5	8	3	7	1	6
3	7	6	2	1	4	9	5	8
5	8	1	6	9	7	2	3	4

172

9	2	7	8	6	1	4	5	3
8	6	3	5	4	9	1	7	2
1	4	5	2	3	7	9	6	8
2	7	9	4	5	6	8	3	1
6	3	4	9	1	8	7	2	5
5	1	8	3	7	2	6	4	9
4	8	1	7	2	5	3	9	6
3	9	2	6	8	4	5	1	7
7	5	6	1	9	3	2	8	4

173

6	5	7	9	2	1	8	4	3
9	3	2	7	4	8	5	1	6
8	1	4	3	5	6	7	9	2
2	7	6	4	8	9	1	3	5
1	9	8	5	6	3	4	2	7
5	4	3	2	1	7	6	8	9
4	6	5	1	9	2	3	7	8
7	2	1	8	3	5	9	6	4
3	8	9	6	7	4	2	5	1

174

9	4	6	1	8	5	7	3	2
3	5	2	9	4	7	1	6	8
1	8	7	6	2	3	9	4	5
5	1	9	8	3	4	2	7	6
7	3	4	2	1	6	5	8	9
2	6	8	5	7	9	3	1	4
4	2	3	7	5	8	6	9	1
6	7	1	4	9	2	8	5	3
8	9	5	3	6	1	4	2	7

175

7	8	9	5	1	2	3	6	4
1	2	4	3	8	6	9	5	7
3	5	6	9	4	7	8	2	1
5	9	7	1	6	4	2	3	8
8	3	1	2	7	9	5	4	6
4	6	2	8	5	3	7	1	9
6	4	8	7	2	5	1	9	3
9	1	5	4	3	8	6	7	2
2	7	3	6	9	1	4	8	5

176

7	4	2	9	6	1	5	3	8
3	1	5	7	2	8	9	4	6
6	9	8	5	4	3	7	2	1
1	6	3	4	9	7	2	8	5
9	5	4	8	1	2	6	7	3
2	8	7	6	3	5	4	1	9
5	3	6	1	7	4	8	9	2
8	7	1	2	5	9	3	6	4
4	2	9	3	8	6	1	5	7

177

3	4	8	5	9	6	2	7	1
2	6	7	4	1	8	5	3	9
5	1	9	3	7	2	6	4	8
4	8	6	2	3	7	9	1	5
1	2	3	9	5	4	7	8	6
9	7	5	6	8	1	3	2	4
6	3	1	8	2	5	4	9	7
7	5	2	1	4	9	8	6	3
8	9	4	7	6	3	1	5	2

178

6	2	7	9	3	8	5	1	4
8	1	3	2	4	5	9	7	6
9	4	5	7	6	1	3	2	8
3	9	2	1	8	4	7	6	5
4	5	8	6	9	7	2	3	1
1	7	6	3	5	2	4	8	9
5	8	1	4	7	3	6	9	2
2	3	9	5	1	6	8	4	7
7	6	4	8	2	9	1	5	3

179

3	9	1	7	5	2	8	4	6
7	8	2	1	4	6	3	5	9
6	4	5	8	9	3	1	7	2
8	7	9	2	1	4	5	6	3
5	2	6	3	7	9	4	1	8
1	3	4	6	8	5	2	9	7
2	5	3	9	6	1	7	8	4
9	1	8	4	3	7	6	2	5
4	6	7	5	2	8	9	3	1

180

2	5	3	9	6	8	1	7	4
8	7	9	1	5	4	3	2	6
6	1	4	3	7	2	9	5	8
4	9	7	8	2	1	6	3	5
1	8	2	6	3	5	4	9	7
3	6	5	4	9	7	8	1	2
5	3	1	7	8	6	2	4	9
9	2	6	5	4	3	7	8	1
7	4	8	2	1	9	5	6	3

181

2	5	9	6	7	4	8	3	1
3	7	4	8	2	1	6	5	9
8	6	1	9	5	3	2	7	4
6	2	5	1	3	7	9	4	8
7	9	8	5	4	6	3	1	2
4	1	3	2	8	9	7	6	5
5	4	2	7	6	8	1	9	3
9	8	6	3	1	5	4	2	7
1	3	7	4	9	2	5	8	6

182

3	6	7	2	4	1	9	8	5
2	5	9	6	7	8	3	1	4
1	8	4	5	3	9	2	6	7
8	9	5	7	2	4	1	3	6
6	4	3	8	1	5	7	9	2
7	2	1	9	6	3	4	5	8
5	7	6	1	9	2	8	4	3
9	3	2	4	8	6	5	7	1
4	1	8	3	5	7	6	2	9

183

1	7	2	6	4	9	3	5	8
9	8	3	2	5	1	7	6	4
6	5	4	8	7	3	2	1	9
3	2	8	7	6	5	4	9	1
4	6	1	9	2	8	5	3	7
7	9	5	3	1	4	8	2	6
8	3	6	4	9	2	1	7	5
5	4	7	1	3	6	9	8	2
2	1	9	5	8	7	6	4	3

184

3	6	9	7	1	4	8	2	5
7	8	2	5	9	3	4	1	6
1	4	5	8	2	6	3	7	9
6	2	4	1	8	7	5	9	3
9	3	7	2	6	5	1	4	8
5	1	8	4	3	9	7	6	2
2	5	3	9	7	1	6	8	4
8	7	6	3	4	2	9	5	1
4	9	1	6	5	8	2	3	7

185

6	1	7	9	5	3	8	2	4
3	9	5	2	8	4	1	6	7
2	8	4	1	7	6	3	9	5
8	7	3	4	2	5	9	1	6
5	2	9	8	6	1	4	7	3
1	4	6	3	9	7	5	8	2
9	5	2	6	4	8	7	3	1
7	6	1	5	3	9	2	4	8
4	3	8	7	1	2	6	5	9

186

9	3	6	4	7	8	5	1	2
4	1	5	9	2	3	6	7	8
8	7	2	1	6	5	9	3	4
6	2	1	7	4	9	8	5	3
7	8	9	3	5	2	4	6	1
5	4	3	6	8	1	7	2	9
1	6	8	5	3	4	2	9	7
2	9	7	8	1	6	3	4	5
3	5	4	2	9	7	1	8	6

187

8	2	1	6	7	5	3	4	9
6	5	9	3	1	4	8	2	7
4	7	3	9	8	2	6	5	1
9	8	2	7	5	6	1	3	4
1	6	5	4	3	9	7	8	2
3	4	7	8	2	1	9	6	5
2	3	8	1	4	7	5	9	6
7	9	4	5	6	8	2	1	3
5	1	6	2	9	3	4	7	8

188

3	4	7	9	2	5	6	1	8
2	6	1	3	8	4	9	5	7
9	8	5	6	1	7	2	3	4
8	5	9	4	3	2	1	7	6
1	7	3	5	6	9	8	4	2
6	2	4	1	7	8	5	9	3
4	1	8	2	5	3	7	6	9
5	3	2	7	9	6	4	8	1
7	9	6	8	4	1	3	2	5

189

1	9	2	4	3	6	8	5	7
4	8	7	2	1	5	6	9	3
5	3	6	9	8	7	4	1	2
9	2	1	8	6	4	7	3	5
8	7	5	3	2	1	9	4	6
6	4	3	7	5	9	2	8	1
7	5	8	1	4	2	3	6	9
2	6	4	5	9	3	1	7	8
3	1	9	6	7	8	5	2	4

190

1	6	5	4	3	7	9	2	8
3	9	2	1	8	6	4	7	5
7	8	4	5	9	2	6	1	3
4	7	3	8	2	5	1	6	9
8	5	9	6	4	1	7	3	2
6	2	1	3	7	9	5	8	4
2	4	7	9	1	3	8	5	6
5	3	8	7	6	4	2	9	1
9	1	6	2	5	8	3	4	7

191

2	8	7	4	5	3	6	1	9
1	6	3	2	9	7	5	4	8
9	4	5	6	1	8	3	7	2
6	3	1	7	8	5	9	2	4
8	9	2	1	3	4	7	5	6
5	7	4	9	6	2	8	3	1
4	5	9	8	7	1	2	6	3
7	1	8	3	2	6	4	9	5
3	2	6	5	4	9	1	8	7

192

6	8	9	1	5	7	4	3	2
2	7	3	8	9	4	5	6	1
5	4	1	3	6	2	9	7	8
7	6	8	9	2	3	1	4	5
4	1	5	6	7	8	3	2	9
3	9	2	5	4	1	6	8	7
8	5	7	4	1	6	2	9	3
1	2	4	7	3	9	8	5	6
9	3	6	2	8	5	7	1	4

193

6	1	4	3	8	9	5	7	2
8	3	2	6	5	7	4	9	1
7	5	9	2	4	1	8	6	3
4	2	1	5	6	3	9	8	7
3	8	6	7	9	2	1	4	5
9	7	5	8	1	4	3	2	6
1	6	3	4	7	8	2	5	9
2	4	7	9	3	5	6	1	8
5	9	8	1	2	6	7	3	4

194

6	7	4	1	3	5	2	9	8
9	5	1	8	2	6	4	3	7
8	3	2	7	4	9	6	5	1
4	1	6	9	8	3	5	7	2
5	8	7	2	6	1	9	4	3
2	9	3	4	5	7	8	1	6
1	2	8	3	9	4	7	6	5
7	6	9	5	1	2	3	8	4
3	4	5	6	7	8	1	2	9

195

7	2	4	9	5	3	1	6	8
3	8	6	1	7	2	9	4	5
1	9	5	4	8	6	3	7	2
6	5	9	3	2	8	4	1	7
4	7	3	5	6	1	8	2	9
2	1	8	7	9	4	5	3	6
8	3	2	6	1	5	7	9	4
9	6	1	8	4	7	2	5	3
5	4	7	2	3	9	6	8	1

196

5	1	4	3	2	7	9	8	6
9	7	3	6	1	8	5	4	2
2	8	6	9	4	5	3	1	7
7	4	8	1	9	2	6	5	3
3	6	5	7	8	4	2	9	1
1	9	2	5	6	3	4	7	8
6	5	9	2	7	1	8	3	4
4	3	1	8	5	6	7	2	9
8	2	7	4	3	9	1	6	5

197

5	4	9	6	8	2	1	7	3
2	8	3	1	7	5	6	9	4
6	7	1	9	4	3	5	2	8
1	5	7	2	3	4	9	8	6
4	9	8	5	1	6	2	3	7
3	6	2	7	9	8	4	1	5
8	1	4	3	5	9	7	6	2
7	2	5	8	6	1	3	4	9
9	3	6	4	2	7	8	5	1

198

8	3	1	2	5	9	7	6	4
2	9	7	6	8	4	1	5	3
4	5	6	3	7	1	8	2	9
9	4	3	7	6	2	5	1	8
7	8	2	1	4	5	3	9	6
6	1	5	8	9	3	4	7	2
1	7	8	4	2	6	9	3	5
5	2	4	9	3	7	6	8	1
3	6	9	5	1	8	2	4	7

199

1	6	3	7	5	9	8	2	4
8	7	2	1	4	3	9	5	6
4	9	5	2	8	6	1	3	7
6	5	4	3	9	2	7	8	1
9	3	8	5	7	1	4	6	2
7	2	1	4	6	8	5	9	3
3	4	7	9	2	5	6	1	8
5	1	6	8	3	7	2	4	9
2	8	9	6	1	4	3	7	5

200

9	1	8	6	4	5	2	7	3
7	2	3	1	8	9	6	5	4
6	5	4	3	7	2	9	1	8
8	3	1	2	9	4	7	6	5
4	7	9	5	3	6	8	2	1
2	6	5	8	1	7	3	4	9
3	4	2	7	5	8	1	9	6
1	9	6	4	2	3	5	8	7
5	8	7	9	6	1	4	3	2